漢字マスター
マスター
N4
Kanji for beginners

改訂版

アークアカデミー 編著

字

KANJI

三修社

漢字マスター N4　もくじ

はじめに ……………………………………… 4
本書の特長 …………………………………… 5
学習の進め方 ………………………………… 12
部首について ………………………………… 13

1章　生かつ

1 家族
	家族	□（　／　）	21
	兄弟	□（　／　）	22
	姉妹	□（　／　）	23
	私育	□（　／　）	24
	ふくしゅう	問/20問	25

2 マンション
	部屋	□（　／　）	27
	広低	□（　／　）	28
	近遠	□（　／　）	29
	静	□（　／　）	30
	ふくしゅう	問/20問	31

3 ファッション
	洋服	□（　／　）	33
	短玉	□（　／　）	34
	毛糸	□（　／　）	35
	光衣	□（　／　）	36
	ふくしゅう	問/20問	37

1章 アチーブメントテスト 　/100　（　／　） 38
1章 クイズ □（　／　） 40

2章　コンビニ

1 レジ
	店客	□（　／　）	43
	親切	□（　／　）	44
	売当	□（　／　）	45
	品	□（　／　）	46
	ふくしゅう	問/20問	47

2 店内
	便利	□（　／　）	49
	使銀	□（　／　）	50
	白黒	□（　／　）	51
	紙	□（　／　）	52
	ふくしゅう	問/20問	53

3 24時間
	朝晩	□（　／　）	55
	昼夜	□（　／　）	56
	前後	□（　／　）	57
	午早	□（　／　）	58
	ふくしゅう	問/20問	59

2章 アチーブメントテスト 　/100　（　／　） 60
2章 クイズ □（　／　） 62

3章　おくり物

1 荷物
	荷送	□（　／　）	65

宅急 □（　／　） 66
速遅 □（　／　） 67
重軽 □（　／　） 68
ふくしゅう 問/20問 69

2 あて先
	住所	□（　／　）	71
	様主	□（　／　）	72
	番地	□（　／　）	73
	号京	□（　／　）	74
	ふくしゅう	問/20問	75

3 都道府県
	国都	□（　／　）	77
	道府	□（　／　）	78
	県市	□（　／　）	79
	区村	□（　／　）	80
	ふくしゅう	問/20問	81

3章 アチーブメントテスト 　/100　（　／　） 82
3章 クイズ □（　／　） 84

4章　スケジュール

1 デート
	毎週	□（　／　）	87
	映画	□（　／　）	88
	館	□（　／　）	89
	公園	□（　／　）	90
	ふくしゅう	問/20問	91

2 けっこんきねん日
	夫妻	□（　／　）	93
	特思	□（　／　）	94
	料理	□（　／　）	95
	有	□（　／　）	96
	ふくしゅう	問/20問	97

3 しごと
	会社	□（　／　）	99
	働作	□（　／　）	100
	工場	□（　／　）	101
	始終	□（　／　）	102
	ふくしゅう	問/20問	103

4章 アチーブメントテスト 　/100　（　／　） 104
4章 クイズ □（　／　） 106
1〜4章 まとめテスト □（　／　） 108

5章　町

1 駅
	駅鉄	□（　／　）	111
	乗降	□（　／　）	112
	開閉	□（　／　）	113
	発着	□（　／　）	114
	ふくしゅう	問/20問	115

2 交さてん
	交通	□（　／　）	117
	台止	□（　／　）	118
	色赤	□（　／　）	119

	黄 青	□（ ／ ）		120
	ふくしゅう	問/20問		121
3 病院 びょういん	病 院	□（ ／ ）		123
	医 科	□（ ／ ）		124
	薬 待	□（ ／ ）		125
	合 計	□（ ／ ）		126
	ふくしゅう	問/20問		127
5章 アチーブメントテスト		/100	（ ／ ）	128
5章 クイズ しょう		□（ ／ ）		130

6章　学生
しょう　がくせい

1 研究 けんきゅう	研 究	□（ ／ ）	133
	語 文	□（ ／ ）	134
	英 化	□（ ／ ）	135
	数 心	□（ ／ ）	136
	ふくしゅう	問/20問	137
2 コミュニケーション	若 集	□（ ／ ）	139
	知 酒	□（ ／ ）	140
	歌 声	□（ ／ ）	141
	楽	□（ ／ ）	142
	ふくしゅう	問/20問	143
3 ラーメン屋 や	味 油	□（ ／ ）	145
	太 細	□（ ／ ）	146
	皿 飯	□（ ／ ）	147
	麦	□（ ／ ）	148
	ふくしゅう	問/20問	149
6章 アチーブメントテスト		/100	150
6章 クイズ しょう		□（ ／ ）	152

7章　春夏秋冬
しょう　しゅんかしゅうとう

1 きせつ	春 夏	□（ ／ ）	155
	秋 冬	□（ ／ ）	156
	空 星	□（ ／ ）	157
	雲 去	□（ ／ ）	158
	ふくしゅう	問/20問	159
2 天気 てんき	天 晴	□（ ／ ）	161
	雪 風	□（ ／ ）	162
	強 弱	□（ ／ ）	163
	暑 寒	□（ ／ ）	164
	ふくしゅう	問/20問	165
3 旅行 りょこう	旅 持	□（ ／ ）	167
	世 界	□（ ／ ）	168
	写 真	□（ ／ ）	169
	船	□（ ／ ）	170
	ふくしゅう	問/20問	171
7章 アチーブメントテスト		/100	（ ／ ） 172

7章 クイズ しょう		□（ ／ ）	174

8章　学校
しょう　がっこう

1 勉強 べんきょう	勉 漢	□（ ／ ）	177
	宿 題	□（ ／ ）	178
	質 問	□（ ／ ）	179
	教 室	□（ ／ ）	180
	ふくしゅう	問/20問	181
2 テスト	試 験	□（ ／ ）	183
	答 考	□（ ／ ）	184
	正 丸	□（ ／ ）	185
	不 同	□（ ／ ）	186
	ふくしゅう	問/20問	187
3 図書館 としょかん	貸 借	□（ ／ ）	189
	返 冊	□（ ／ ）	190
	歴 史	□（ ／ ）	191
	図	□（ ／ ）	192
	ふくしゅう	問/20問	193
8章 アチーブメントテスト		/100 （ ／ ）	194
8章 クイズ しょう		□（ ／ ）	196

9章　夏休み
しょう　なつやす

1 運動 うんどう	運 動	□（ ／ ）	199
	練 習	□（ ／ ）	200
	走 歩	□（ ／ ）	201
	泳 才	□（ ／ ）	202
	ふくしゅう	問/20問	203
2 リゾート	自 然	□（ ／ ）	205
	草 原	□（ ／ ）	206
	湖 谷	□（ ／ ）	207
	海 辺	□（ ／ ）	208
	ふくしゅう	問/20問	209
3 いなか	里 野	□（ ／ ）	211
	緑 池	□（ ／ ）	212
	鳥 羽	□（ ／ ）	213
	馬 鳴	□（ ／ ）	214
	ふくしゅう	問/20問	215
9章 アチーブメントテスト		/100 （ ／ ）	216
9章 クイズ しょう		□（ ／ ）	218
5～9章 まとめテスト しょう		□（ ／ ）	220

そのほかの 読み方 よ かた	222
索引 さくいん	224
解答 かいとう	227

はじめに

「漢字マスターシリーズ」は、日本語を学ぶ方が、ひらがな、カタカナの習得を経て、日本語の3つ目の文字である漢字を楽しみながらしっかりと学ぶことを目指して作成されました。本シリーズを使って学習を進めると、N5〜N1の全シリーズ修了時には、2010年11月30日告示の「常用漢字表」一覧に掲載された2136字と、その他に使用頻度が高いと思われる表外字14字を加えた2150字が習得できます。

本シリーズは、漢字とともに、多くの語彙や慣用句も一緒に習得できるように作られています。提示した語例や例文は、日常生活の中で身近に接することが多いものをとりあげましたので、漢字そのものの学習と共に、生活の中でよく使われる言葉や表現を増やすことが可能です。また、非漢字圏の方にも学びやすいように、漢字には全てルビを振りました。プレッシャーを感じることなく漢字の能力を伸ばすことができるからです。

『漢字マスターN4』は、原則として各章7〜8文字、1ページに2文字を提示してあります。たとえば、1日1〜2ページ、1日1章のように計画を立てて学習すると、207字の漢字と、日常生活に必要な語彙を習得できます。『漢字マスターN5』に掲載した基礎漢字119字と合わせると、合計326字の習得が可能です。また、理解しやすいカテゴリーの漢字学習のために、イラストも使用しました。本書に掲載した漢字はN3レベルに進む前に必ずマスターすることを目指してください。

本シリーズは長きにわたる改訂を重ね、その結果、理想の教材に近づいたと自負しております。私たちを支えてくださった多くの皆様に心からお礼を申し上げます。皆様の漢字学習が成功することを執筆者一同心から願っています。

アークアカデミー

本書の特長
ほんしょ　とくちょう

POINT 1. 効率的に学べる
こうりつてき　まな

『漢字マスターN4』では、学ぶ方が漢字学習に親しみやすさを感じられるように、身
かんじ　　　　　　まな　かた　かんじがくしゅう　した　　　　　　　　　　　　かん
近な生活で遭遇するカテゴリー別に章立てしました。各章にはさらに小タイトルをつ
ちか　せいかつ　そうぐう　　　　　　　べつ　しょうだ　　　　　　かくしょう　　　　　しょう
けて、イメージしやすい場面から効率的に学べるように、配置しました。
ばめん　こうりつてき　まな　　　　　　はいち

例)1章　生活　　　1 家族・・・・・家 族 兄 妹
れい　しょう　せいかつ　　　　かぞく
　　　　　　　　　　　2 マンション・・・部 屋 広 低
　　　　　　　　　　　3 ファッション・・洋 服 短 玉

　　　2章　コンビニ　1 レジ・・・・・店 客 親 切
　　　　　　　　しょう
　　　　　　　　　　　2 店内・・・・・便 利 使 銀
　　　　　　　　　　　　てんない
　　　　　　　　　　　3 24時間・・・・朝 晩 昼 夜
　　　　　　　　　　　　　じかん

POINT 2. 漢字を学びながら生活に必要な語彙も増やせる
かんじ　まな　　　　せいかつ　ひつよう　ごい　　ふ

提示した語彙や例文は、日常生活の中で身近に接することが多いものを取り上げまし
ていじ　ごい　れいぶん　にちじょうせいかつ　なか　みぢか　せっ　　　　　　おお　　　　　と　あ
た。また、広く現代で使われる言葉も加えました。
ひろ　げんだい　つか　　　ことば　くわ

POINT 3. 美しく読みやすい文字が書ける
うつく　よ　　　　　　もじ　か

ひとりで学ぶ方でも正しい筆順がわかるように数字をつけてありますので、美しく読
まな　かた　　　ただ　ひつじゅん　　　　　　　すうじ　　　　　　　　　　うつく　よ
みやすい文字を書くことができます。フォントはモリサワUDデジタル教科書体を採
もじ　か　　　　　　　　　　　　　　　　　　　　　　きょうかしょたい　さい
用しました。学習する方にとって文字の形がわかりやすく、間違えにくいフォントです。
よう　　　　がくしゅう　かた　　　　もじ　かたち　　　　　　まちが
手本をよく見て、きれいな形の文字をマスターしてください。
てほん　み　　　　　　かたち　もじ

POINT 4. 楽しみながら学べる
たの　　　　　まな

各章で学んだ漢字は、復習やアチーブメントテストで確認することができます。加えて、
かくしょう　まな　かんじ　ふくしゅう　　　　　　　　　　かくにん　　　　　　　くわ
「クイズ」もついていますので、ゲーム感覚で楽しく、漢字を習得することができます。
かんかく　たの　　かんじ　しゅうとく

POINT 5. 部首を知る
ぶしゅ　し

部首は漢字を構成する要素の中で、共通する一部分が集められたグループのことです。
ぶしゅ　かんじ　こうせい　ようそ　なか　きょうつう　いちぶぶん　あつ
漢字には必ず一つの部首がありますので、関係する漢字の分野を類推することができ、
かんじ　　　かなら　ひと　　ぶしゅ　　　　　　　　かんけい　　かんじ　ぶんや　るいすい
効率的な学習につながります。ここでは、N5、N4レベルの部首を取り上げました。
こうりつてき　がくしゅう　　　　　　　　　　　　　　　　ぶしゅ　と　あ
例)くさかんむり「艹」(植物に関する漢字)
れい　　　　　　　　　しょくぶつ　かん　かんじ
　　草 花 茶
　　さんずい「氵」(水に関する漢字)
　　　　　　みず　かん　かんじ
　　海 池 湖 酒

Introduction

"Kanji Master Series" has been prepared for students who have mastered hiragana and katakana to learn and enjoy the process of learning kanji, the third group of characters in Japanese.

Students who complete this series from N5 to N1 will learn 2,150 characters including 2,136 characters listed in the "Joyo (Daily-use) Kanji List" listed by the Cabinet on November 30, 2010 as well as 14 characters considered frequently used but not listed in the Joyo (Daily-use) Kanji List.

This series is structured so that students can learn rich vocabulary and idioms as well as kanji. As sample words and sentences given in the textbook are selected from daily and familiar situations, students can acquire words and expressions commonly used in daily life as they learn the kanji characters themselves. For those who are from non-kanji regions, all the kanji in the textbook have ruby (small hiragana characters above the kanji) for easy learning. Because of that, students can grow their ability in kanji without feeling overwhelmed.

In principle, each chapter of "Kanji Master N4" contains seven to eight characters, with two characters per page. A study plan of one to two pages a day or one chapter a day, allows you to master 207 kanji characters along with vocabulary necessary for daily life. Combined with the 119 basic kanji characters from "Kanji Master N5," a total of 326 kanji are studied. To make the categories of kanji study easy to understand many illustrations have been used. Aim to master the kanji listed in this textbook before proceeding to the N3 Level.

We believe this series of textbooks is an ideal tool for learning after years of revisions. We sincerely appreciate those who have supported us. We wish you the very best for your success in kanji learning.

ARC Academy

Features of this book

POINT 1. Learn effectively.

In "Kanji Master N4," kanji are divided into chapters of categories based on daily life experiences to smoothly build familiarity with kanji study. Moreover, each chapter also has small titles to facilitate learning from easily imagined situations.

e.g.)   Chapter 1 Life   1 Family ・・・・・・・・・家　族　兄　妹

                                     2 Condominiums ・・・・部　屋　広　低

                                     3 Fashion ・・・・・・・洋　服　短　玉

               Chapter 2 Convenience Stores   1 At the Cash Register ・・店　客　親　切

                                     2 Inside the Store ・・・・便　利　使　銀

                                     3 24 Hours ・・・・・・・朝　晩　昼　夜

POINT 2. Learn and acquire vocabulary useful in daily life by studying kanji.

In this textbook we pick up vocabulary and sample sentences that are used in daily life. In addition, we add words that are commonly used in recent days.

POINT 3. Write beautiful and legible characters.

With a numbered stroke order, you can understand the correct stroke order and write beautiful legible characters by yourself. As for fonts, Morisawa's UD Digital Kyokasho-tai, which is easy for those who study kanji to recognize the character form without mistakes, is adopted. Let's learn to write legible characters by carefully modeling after examples.

POINT 4. Learning through enjoying

You can confirm the kanji you learned at each chapter through Review and Achievement Tests. In addition, at Quizzes you can enjoy learning the kanji like playing a game.

POINT 5. Learning radicals

Kanji are formed from shared elements which as a group are referred to as Bushu or radicals. Each kanji contains at least one radical allowing groups of related kanji to be inferred, which leads to efficient learning. Here are radicals you learn at the N5 and N4 levels.

e.g.)   Kusa-kanmuri (⺾) (kanji related to plants)

        草　花　茶

    Sanzui (氵) (kanji related to water)

        海　池　湖　酒

最初

《主攻汉字丛书》是为那些初学日语者，学完平假名，片假名，进入学习日语的第3个文字汉字时，能愉快地学习汉字为目的而编制的。

如果用本丛书学习，学完N5到N1时，你将能掌握2010年11月30日日本内阁告示的"常用汉字表"一栏所示的2136字和被认为使用频率较高的此表以外的14个汉字，共计2150个汉字。

本丛书，在学习汉字的同时，收录了许多词汇和惯用语，帮助您掌握。由于所提供的例句例文，大多都是在我们的日常生活中常见的实例，所以在学习汉字的同时，您可以增加许多在日常生活中常用的词汇与表达方式。还为非汉字圈的人们学习方便，所有汉字都注有读音。让您不必感到压力就能提高汉字能力。

《主攻汉字N4》原则上各章为7到8个汉字，1页由2个汉字组成。例如制定1天学习1到2页，或者1天学习1章的学习计划，您可以学到207个汉字和日常生活中必需的词汇。加上《主攻汉字N5》中的119个基础汉字，可学习共326个汉字。另外，为了实现更容易理解的分类汉字学习，还使用了插图。本书所收录汉字是，在您N3升级之前必需掌握好为目标的。

本丛书经历了长期的多次修改，我们坚信这已经是一部近乎理想的教材。衷心感谢各位对我们的支持。我们执笔全体成员希望各位能够成功掌握汉字。

ARC Academy

本书特点

要点1　能有效学习

为了让学习者对汉字学习感到更亲切，《主攻汉字N4》将日常的生活场景进行了章节分类。各章节又分别添加了小标题，通过更容易想象的画面来实现更有效率的学习。

例）1章　生活　　1 家庭成员‥‥‥家　族　兄　妹

　　　　　　　　2 公寓‥‥‥‥‥部　屋　広　低

　　　　　　　　3 时尚‥‥‥‥‥洋　服　短　玉

　　2章　便利店　1 收银台‥‥‥‥店　客　親　切

　　　　　　　　2 店内‥‥‥‥‥便　利　使　銀

　　　　　　　　3 24小时‥‥‥‥朝　晩　昼　夜

要点2　边学汉字便可以增加日常生活中必需的词汇量量

提供了许多在日常生活中常用的词汇和例文。另外还添加了很多现代广泛使用的词句。

要点3　能写出易读端正漂亮的汉字

为方便独学者学习，在汉字上附上了正确的笔顺数字，使您能够书写易读且美丽的汉字。字型采用森泽（morisawa）的UD数码教科书体。是学习日语汉字者容易分辨汉字字形，不易出错的字体。请您仔细按照字体写出端正的汉字。

要点4　可以边欣赏边学习

在各章学习过的汉字，可以通过复习和成绩测验来检验学习成果。还附有"问答"，可以像玩游戏一样来学习汉字。

要点5　了解部首

部首是构成汉字的要素中，相同部分的统一称谓。汉字一定有部首，可以通过部首类推出相关的汉字分类，有效学习。本部分汇总了N5、N4的汉字部首。

例）　草字头「艹」（与植物相关的汉字）

　　　草　花　茶

　　三点水「氵」（与水相关的汉字）

　　　海　池　湖　酒

LỜI NÓI ĐẦU

Bộ sách "Kanji Master" ra đời với mục đích giúp những ai đang theo học tiếng Nhật và đã hoàn thành xong hai bộ chữ cái Hiragana và Katakana, có thể tiếp tục theo học chữ Hán (chữ Kanji) - bộ chữ thứ 3 trong tiếng Nhật một cách thật chỉn chu nhưng không hề mang đến cảm giác căng thẳng, áp lực.

Nếu theo học hết bộ sách này, sau khi hoàn thành toàn bộ các tập từ N5 đến N1, bạn đọc hoàn toàn có thể có trong tay 2150 chữ Hán, bao gồm cả 2136 chữ có trong "Bảng chữ Hán thông dụng" theo công bố của nội các ngày 30 tháng 11 năm 2010, và 14 chữ Hán khác có tần suất sử dụng cao nhưng lại chưa được đưa vào trong bảng này.

Với bộ sách này, bạn đọc sẽ được học đồng thời cả chữ Hán và rất nhiều từ vựng, quán ngữ liên quan. Người biên soạn sách đã chọn lọc và đưa ra những từ vựng và câu ví dụ gần gũi mà bạn đọc sẽ được tiếp xúc thường xuyên trong cuộc sống hàng ngày. Do đó, song song với quá trình học tập từng chữ Hán, bạn đọc hoàn toàn có thể nâng cao được vốn câu, vốn từ thông dụng cho bản thân. Ngoài ra, để giúp bạn đọc ở những quốc gia không sử dụng chữ Hán có thể học tập dễ dàng hơn, toàn bộ chữ Hán đều được phiên âm cách đọc. Nhờ đó, bạn đọc sẽ nâng cao được năng lực chữ Hán của mình mà không cảm thấy mệt mỏi, áp lực.

"Kanji Master N4" về cơ bản sẽ có 7~8 chữ mỗi chương, mỗi trang sẽ được trình bày 2 chữ. Ví dụ, nếu xây dựng kế hoạch 1 ngày học 1~2 trang, hoặc 1 ngày học 1 chương thì bạn đọc sẽ nắm được 207 chữ Hán và từ vựng cần thiết cho cuộc sống. Sau khi hoàn thành giáo trình này, cộng với 119 chữ Hán cơ bản trong cuốn "Kanji Master N5", bạn đọc sẽ học được tất cả 326 chữ Hán. Ngoài ra, để giúp bạn đọc dễ nắm bắt các chủ đề được đưa ra trong quá trình học chữ Hán, giáo trình đã đưa vào rất nhiều hình ảnh minh họa. Trước khi bước sang trình độ N3, bạn đọc hãy đặt cho mình mục tiêu phải nắm vững toàn bộ chữ Hán được đưa ra trong cuốn sách này.

Là kết quả của một quá trình nỗ lực sửa đổi trong thời gian dài, chúng tôi tự hào rằng đây là một giáo trình đã chạm tới tiêu chuẩn của một giáo trình lý tưởng. Tập thể người biên soạn sách xin được gửi lời biết ơn chân thành tới tất cả những cá nhân, tổ chức đã giúp đỡ chúng tôi hoàn thành giáo trình này. Đồng thời xin chúc quý bạn đọc sẽ gặt hái được nhiều thành công trong quá trình học chữ Hán của mình.

ARC Academy

ĐẶC TRƯNG GIÁO TRÌNH

Đặc trưng 1: Có thể học tập một cách hiệu quả

Nội dung giáo trình "Kanji Master N4" được chia theo các chủ đề thường gặp trong cuộc sống hàng ngày, giúp mang đến cho bạn đọc cảm giác gần gũi, quen thuộc với chữ Hán. Hơn thế nữa, chủ đề lớn của mỗi chương lại được chia thành nhiều đầu mục nhỏ hơn, giúp bạn đọc có thể học tập hiệu quả từ những tình huống thực tế, dễ hình dung.

Ví dụ: Chương 1 Cuộc sống   1 Gia đình .... 家 　族 　兄 　妹

                                      2 Chung cư .... 部 　屋 　広 　低

                                      3 Thời trang .... 洋 　服 　短 　玉

          Chương 2 Cửa hàng tiện lợi   1 Quầy thanh toán ... 店 　客 　親 　切

                                      2 Trong cửa hàng .... 便 　利 　使 　銀

                                      3 24 giờ .... 朝 　晩 　昼 　夜

Đặc trưng 2: Vừa học chữ Hán vừa nâng cao vốn từ cần thiết cho cuộc sống

Người biên soạn sách đã chọn lọc và đưa ra những từ vựng và câu ví dụ mà bạn đọc sẽ được tiếp xúc thường xuyên trong cuộc sống hàng ngày. Ngoài ra, giáo trình cũng được bổ sung thêm những từ vựng đang được sử dụng rộng rãi hiện nay.

Đặc trưng 3: Có thể học được cách viết chữ Hán đẹp, dễ nhìn

Để những bạn đọc tự học một mình cũng có thể nắm được chính xác trình tự viết của chữ Hán, mỗi chữ cái đều được đánh số thứ tự nét chữ, giúp bạn đọc có thể học được cách viết đẹp, dễ nhìn. Font chữ được sử dụng là font chữ dành cho giáo trình điện tử UD của công ty thiết kế Morisawa. Đây là font chữ có thể giúp người học dễ dàng nắm bắt hình thái chữ viết, mà không bị nhầm lẫn. Bạn đọc hãy quan sát kỹ chữ mẫu và nắm vững hình thái chuẩn của chữ.

Đặc trưng 4: Vừa vui vừa học

Bạn đọc có thể tự kiểm tra chữ Hán đã học của từng chương qua bài tập ôn tập và bài kiểm tra tổng hợp cuối chương. Thêm vào đó, sẽ có phần "câu đố" có vai trò như một trò chơi, giúp bạn có thể cảm thấy vui vẻ, thoải mái khi học tập.

Đặc trưng 5: Nắm được bộ thủ trong chữ Hán

Bộ thủ là nhóm tập hợp các phần giống nhau trong các yếu tố cấu thành nên một chữ Hán. Mỗi chữ Hán, bắt buộc phải bao gồm một bộ thủ, vì vậy chúng ta có thể suy đoán nhóm nghĩa của những chữ Kanji có bộ thủ giống nhau, giúp nâng cao hiệu quả của việc học tập. Dưới đây sẽ là một số bộ thủ tương ứng với chữ Hán ở trình độ N5, N4.

Ví dụ: Bộ thảo " 艹 "(Chữ Hán có liên quan tới cây cỏ)

     草 　花 　茶

Bộ Thủy 「氵」 (Chữ Hán có liên quan đến nước)

     海 　池 　湖 　酒

学習の進め方
がくしゅう　すす　かた

漢字学習の進め方を次に記します。学習中もこの「学習の進め方」を確認し、字形、筆順を常
かんじがくしゅう　すす　かた　つぎ　しる　　　　　　　がくしゅうちゅう　　　　　　がくしゅう　すす　かた　かくにん　じけい　ひつじゅん　つね
に意識しましょう。
いしき

STEP 1．導入イラストを利用して、その章にどんな漢字があるのか理解します。
　　　　　どうにゅう　　　　　りよう　　　　　しょう　　　　　かんじ　　　　　　りかい

STEP 2．新しく学ぶ親字の横にある、訓読み・音読み、送りがなを確認します。
　　　　　あたら　まな　おやじ　よこ　　　　　くんよ　おんよ　おく　　　　　かくにん

STEP 3．親字の下にある画数を確認します。
　　　　　おやじ　した　　　　　かくすう　かくにん

STEP 4．筆順の矢印のとおりに、まず、うすい文字の上をなぞります。そして、手本を見て
　　　　　ひつじゅん　やじるし　　　　　　　　　　　もじ　うえ　　　　　　　　　　　　てほん　み
　　　　視写を繰り返し、正しい字形を覚えます。
　　　　ししゃ　く　かえ　ただ　じけい　おぼ

STEP 5．「漢字を読みましょう」「漢字を書きましょう」の問題に進みます。言葉の意味や、
　　　　　かんじ　よ　　　　　　かんじ　か　　　　　　もんだい　すす　　　　　ことば　いみ
　　　　読み、正しい書き方を覚えます。
　　　　よ　ただ　か　かた　おぼ

STEP 6．復習、アチーブメントテスト、クイズに進みます。
　　　　　ふくしゅう　　　　　　　　　　　　　　　　すす

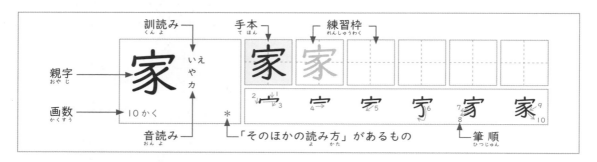

復習 ふくしゅう	学習した漢字の定着度を確認するために小タイトルごとに問題を解きます。確認や苦手な 漢字の発見に活用してください。
アチーブメ ントテスト	各章ごとにあります。アチーブメントテストを解き、自身のレベルチェックに利用してく ださい。
クイズ	学習に変化をつけ、楽しく学べるようにクイズもあります。宿題やテスト等に活用してく ださい。
まとめ テスト	総復習として1章～4章、5章～9章に、まとめテストがありますので、定着、確認の ために利用してください。

　　　　漢字学習☑ ⇒ 復習☑ ⇒ アチーブメントテスト☑ ⇒ クイズ☑ ⇒ まとめテスト☑

目次 もくじ	理解度の把握のために、チェック欄☑、および学習日欄（　／　）をつけました。独学の 場合も授業で取り扱う場合も、学習計画や定着度の確認等に役立ててください。
読み よ	常用漢字表に掲載されているもののうち、N4レベルにふさわしいものを示しました。難 易度が高いと判断した読みを持つ漢字には＊をつけ、巻末の「そのほかの読み方」にまと めました。

部首について
ぶ しゅ

漢字を作っている部分を「部首」といいます。部首には、「へん・つくり・かんむり・あし・たれ・によ
かんじ つく ぶぶん ぶしゅ
う・かまえ」があります。

へん　　つくり　　かんむり　　あし　　たれ　　にょう　　かまえ

へん

人	にんべん	休 体 低 働 作 便 使 住
シ	さんずい	洋 油 漢 海 泳 池 湖
言	ごんべん	読 話 語 試 計
糸	いとへん	終 緑 紙 細 練
木	きへん	校 林 様 村

禾	のぎへん	私 科 秋
女	おんなへん	姉 妹 好 始
日	ひへん	明 晩 晴
土	つちへん	地 場
金	かねへん	銀 鉄

つくり

| 力 | ちから | 動 |
| 阝 | おおざと | 部 都 |

かんむり

宀	うかんむり	家 客 宅 室 宿
艹	くさかんむり	花 草 茶 荷 薬 英 若
竹	たけかんむり	答
雨	あめかんむり	電 雲 雪
亠	なべぶた	京 交

あし

| 心 | こころ | 急 思 |
| 儿 | あし | 元 先 兄 光 |

たれ

| 广 | まだれ | 広 店 府 |
| 疒 | やまいだれ | 病 |

にょう

| 辶 | しんにょう | 近 遠 送 速 遅 道 週 通 運 辺 返 |

かまえ

| 囗 | くにがまえ | 図 園 国 |
| 門 | もんがまえ | 門 間 開 閉 |

How to Study

Next let's look at how to study kanji. During your study, be aware of these steps, and pay attention to the correct character form and stroke order.

STEP 1. Understand what kind of kanji are included in a particular chapter by using its introductory illustration.

STEP 2. Check Kun-yomi, On-yomi, and Deslensional Kana Endings of a new index character, written next to it.

STEP 3. Check the number of strokes indicated under the index kanji.

STEP 4. First, trace thin letters according to the arrow of the stroke order. Repeat it until you remember the correct character form.

STEP 5. Proceed to exercises provided in 「かんじをよみましょう」 "Let's Read Kanji" and 「かんじをかきましょう」 "Let's Write Kanji." Remember the meaning of the words, yomi (readings), and the correct stroke order.

STEP 6. Proceed to Review, Achievement Test, and Quizzes.

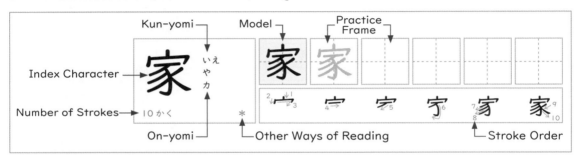

Review

Answer the review questions for every category in each title to check your retention level. Use this review to find kanji that are difficult for you to remember.

Achievement Tests

These are in every chapter. Take the achievement test to check your level.

Quizzes

The textbook also provides Quizzes to give variation to learning and fun activities. Please use Quizzes for homework and tests.

Summary Tests

Summary Tests are after Chapter 1-4 and Chapter 5-9 as an overall review. Use the summary test to reinforce what you have learned and evaluate your study.

Kanji Learning ☑ ⇒ Review ☑ ⇒ Achievement Tests ☑ ⇒ Quizzes ☑ ⇒ Summary Tests ☑

Contents

There are check boxes ☑ and Study Day columns （ ／ ） to measure your level of understanding. Use them to make a study plan and evaluate performance for either self or class study. Plan well and study efficiently.

Yomi (Readings)

Kanji appropriate for the N4 Level have been selected from the Revised Joyo (Daily-use) Kanji List. Readings of characters considered difficult are indicated by ＊ and organized in a chart called "Other Ways of Reading" at the end of book.

About Radical

へん　　つくり　　かんむり　　あし　　たれ　　にょう　　かまえ

へん

人	にんべん	休 体 低 働 作 便 使 住
氵	さんずい	洋 油 漢 海 泳 池 湖
言	ごんべん	読 話 語 試 計
糸	いとへん	終 緑 紙 細 練
木	きへん	校 林 様 村

禾	のぎへん	私 科 秋
女	おんなへん	姉 妹 好 始
日	ひへん	明 晩 晴
土	つちへん	地 場
金	かねへん	銀 鉄

つくり

力	ちから	動
阝	おおざと	部 都

かんむり

宀	うかんむり	家 客 宅 室 宿
艹	くさかんむり	花 草 茶 荷 薬 英 若
竹	たけかんむり	答
雨	あめかんむり	電 雲 雪
亠	なべぶた	京 交

あし

心	こころ	急 思
儿	あし	元 先 兄 光

たれ

广	まだれ	広 店 府
疒	やまいだれ	病

にょう

辶	しんにょう	近 遠 送 速 遅 道 週 通 運 辺 返

かまえ

囗	くにがまえ	図 園 国
門	もんがまえ	門 間 開 閉

学习方法

下面为汉语学习的步骤。学习中也请确认" 学习步骤",注意汉字的字形和笔顺。

第1步, 利用导入插图,要理解这1章出现的汉字。

第2步, 确认新学汉字边上的训读·音读及结尾假名

第3步, 要确认汉字下面的笔画数字。

第4步, 按照笔顺箭头,首先在浅色字上练习。然后反复书写,记住正确的字形。

第5步, 进入读汉字 写汉字问题练习。记住词汇的意思、读法、正确的写法。

第6步, 进入复习、成绩测验、问答

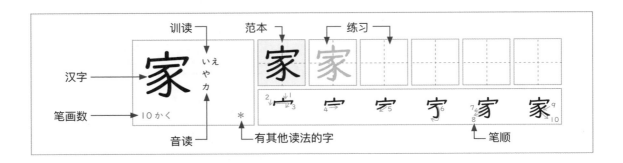

复习
为确认所学汉字的掌握程度,按小标题分类解题。用于确认并发现自己不熟悉的汉字。

成绩测验
每章1次。通过成绩测验,检查自己的水平。

问答
为变换花样,愉快的学习,附有问答。请用于作业及考试。

综合测验
1–4 章,5–9 章后有综合测验,可以进行总复习,确认掌握程度。

学习汉字 ☑ ⇒ 复习 ☑ ⇒ 成绩测验 ☑ ⇒ 问答 ☑ ⇒ 综合测验 ☑

目录
为把握理解度,请注明复核栏,学习日栏。无论您是独学者还是授课学习者,请用于制定学习计划及掌握程度的确认。

制定计划,更有效率地学习吧。

读法
在常用汉字表中,指出了符合 N4 的汉字。在具有难易度较高的读音的汉子里注了 ＊ 号,并在卷末收录到（其他的读音）里。

关于部首

组成汉字的部分称为"部首"。日语汉字中的部首有"へん（偏）、つくり（旁）、かんむり（冠）、あし（脚）、たれ（垂）、にょう（繞）、かまえ（構）"。

へん	つくり	かんむり	あし	たれ	にょう	かまえ

へん

人	にんべん	休 体 低 働 作 便 使 住
氵	さんずい	洋 油 漢 海 泳 池 湖
言	ごんべん	読 話 語 試 計
糸	いとへん	終 緑 紙 細 練
木	きへん	校 林 様 村

禾	のぎへん	私 科 秋
女	おんなへん	姉 妹 好 始
日	ひへん	明 晩 晴
土	つちへん	地 場
金	かねへん	銀 鉄

つくり

力	ちから	動
阝	おおざと	部 都

かんむり

宀	うかんむり	家 客 宅 室 宿
艹	くさかんむり	花 草 茶 荷 薬 英 若
竹	たけかんむり	答
雨	あめかんむり	電 雲 雪
亠	なべぶた	京 交

あし

心	こころ	急 思
儿	あし	元 先 兄 光

たれ

广	まだれ	広 店 府
疒	やまいだれ	病

にょう

辶	しんにょう	近 遠 送 速 遅 道 週 通 運 辺 返

かまえ

囗	くにがまえ	図 園 国
門	もんがまえ	門 間 開 閉

17

PHƯƠNG PHÁP HỌC

Phương pháp học chữ Hán sẽ được trình bày rõ như dưới đây. Trong suốt quá trình học, bạn đọc hãy xác nhận thường xuyên "PHƯƠNG PHÁP HỌC", đồng thời luôn chú ý tới hình thái, trình tự nét chữ của từng chữ Hán.

BƯỚC 1: Sử dụng hình ảnh minh họa để vào bài, qua đó nắm được những chữ Hán sẽ xuất hiện trong chương học sắp tới.

BƯỚC 2: Xác nhận cách đọc âm ON, âm KUN, hậu tố Kana (Okurigana) được giải thích bên cạnh chữ Hán mới học.

BƯỚC 3: Xác nhận số nét chữ được ghi bên dưới chữ Hán.

BƯỚC 4: Đầu tiên, hãy tô đè lên nét chữ đã được làm mờ, theo hướng mũi tên chỉ trình tự viết. Sau đó, vừa nhìn vừa viết lại nhiều lần để thuộc lòng hình thái chữ đúng.

BƯỚC 5: Làm bài tập ở phần "Cùng đọc chữ Hán" và "Cùng viết chữ Hán". Đây là phần luyện tập để nhớ ý nghĩa, cách đọc, cách viết đúng của từ vựng.

BƯỚC 6: Lần lượt hoàn thành tiếp phần ôn tập, câu đố, bài kiểm tra thành tích cuối chương.

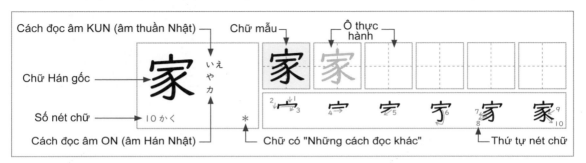

Ôn tập

Bạn đọc hãy làm bài tập ôn tập ở cuối mỗi chủ đề để xác nhận mức độ hiểu và thuộc chữ Hán đã học. Hãy tận dụng tốt phần này để xác nhận kiến thức và tìm ra những chữ Hán mà bạn còn yếu.

Bài kiểm tra thành tích

Đây là bài kiểm tra sau mỗi chương học. Hãy tiến hành làm bài kiểm tra và tự xác nhận trình độ của bản thân.

Câu đố

Giáo trình cũng có phần câu đố, giúp thay đổi không khí học tập, khiến cho việc học trở nên vui vẻ, thỏa mái hơn. Hãy tận dụng tốt phần này như một phần bài tập và kiểm tra.

Bài thi tổng hợp

Sau các chương 1~4 và 5~9, sẽ có bài thi tổng hợp. Bạn đọc hãy tận dụng bài thi như một lần ôn tập tổng hợp để xác nhận và nắm vững hơn kiến thức của mình.

Học chữ Hán ☑ ⇒ Ôn tập ☑ ⇒ Bài kiểm tra thành tích ☑ ⇒ Câu đố ☑ ⇒ Bài thi tổng hợp

Mục lục

Để giúp bạn đọc nắm được mức độ hiểu bài của bản thân, giáo trình có sẵn cột đánh dấu tích ☑ và cột ghi chú ngày tháng học (/   ). Dù là tự học hay sử dụng giáo trình trong giờ học trên lớp, bạn đọc cũng hãy tận dụng phần này cho việc lên kế hoạch học tập, cũng như xác nhận mức độ hiểu bài, thuộc bài của mình. Hãy cố gắng xây dựng kế hoạch và học tập thật hiệu quả.

Cách đọc

Giáo trình đã chọn và đưa ra những chữ Hán tương ứng với trình độ N4 từ bảng chữ Hán thông dụng. Những chữ Hán có thêm những cách đọc khó sẽ được đánh dấu ✽ và được tổng hợp lại trong mục "Những cách đọc khác" ở cuối sách.

Về bộ thủ trong chữ Hán

Những phần cấu thành nên chữ Hán được gọi là "Bộ thủ". Bộ thủ được chia làm 7 nhóm chính, gồm "Hen (bộ thủ nằm bên trái chữ Hán", "Tsukuri (bộ thủ nằm bên phải chữ Hán)", "Kammuri (bộ thủ nằm phía trên đầu)", "Ashi (bộ thủ nằm phía dưới)", "Tare (bộ thủ bao quanh từ phần trên cùng xuống phần bên trái chữ Hán)", "Nyo (bộ thủ bao quanh từ phần bên trái xuống phía dưới chữ Hán)", "Kamae (bộ thủ đóng khung xung quanh chữ Hán)".

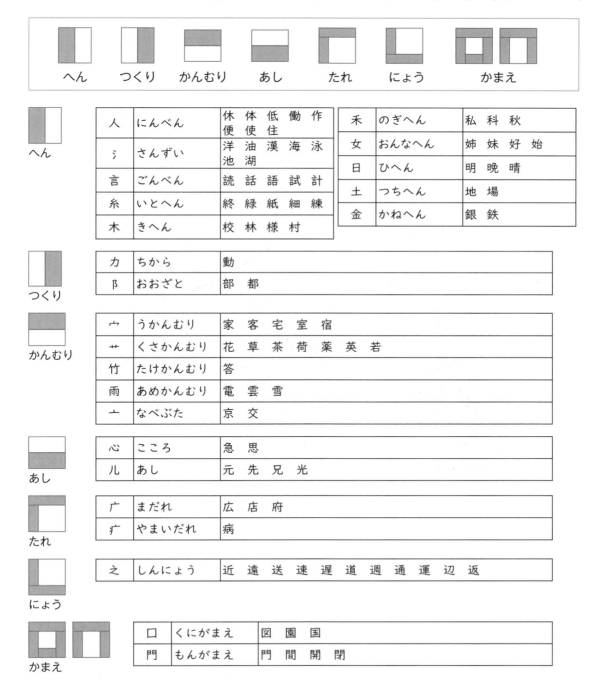

へん	つくり	かんむり	あし	たれ	にょう	かまえ	

へん

人	にんべん	休 体 低 働 作 便 使 住
氵	さんずい	洋 油 漢 海 泳 池 湖
言	ごんべん	読 話 語 試 計
糸	いとへん	終 緑 紙 細 練
木	きへん	校 林 様 村

禾	のぎへん	私 科 秋
女	おんなへん	姉 妹 好 始
日	ひへん	明 晩 晴
土	つちへん	地 場
金	かねへん	銀 鉄

つくり

力	ちから	動
阝	おおざと	部 都

かんむり

宀	うかんむり	家 客 宅 室 宿
艹	くさかんむり	花 草 茶 荷 薬 英 若
竹	たけかんむり	答
雨	あめかんむり	電 雲 雪
亠	なべぶた	京 交

あし

心	こころ	急 思
儿	あし	元 先 兄 光

たれ

广	まだれ	広 店 府
疒	やまいだれ	病

にょう

辶	しんにょう	近 遠 送 速 遅 道 週 通 運 辺 返

かまえ

囗	くにがまえ	図 園 国
門	もんがまえ	門 間 開 閉

しょう せい
かぞく

Life
生活
Cuộc sống
Family
家庭成员
Gia đình

あなたは　何人家族ですか。
なんにんかぞく
家族の　話を　聞いたり　話したり　できるように　なりましょう。
かぞく　　はなし　　き　　　　はな

家族兄弟姉妹私育

◆ 漢字を　読みましょう。

① わたしの　家の　ちかくに　コンビニが　あります。

② アパートの　一かいに　大家さんが　すんでいます。

③ しょう来　まんが家になろうと　おもっています。

④ 山田さんは　何人　家族ですか。

⑤ 休みの日に　友だちと　水族かんへ　行きます。

◆ 漢字を　書きましょう。

① いえ

② おおや

③ やちん　　　　　　　　ちん

④ せいじか　せいじ

⑤ かぞく

⑥ いちぞく

◆ 漢字を 読みましょう。

① 三さい 年上の 兄が います。
　　　　　　　　さい

② 弟は 今年 中学生になりました。

③ となりの 家の 兄弟は よく けんかします。

④ ぎりの 兄は わたしより 年下です。

⑤ ぎりの 弟は 大学生です。

◆ 漢字を 書きましょう。

① あに　　　　　　　　　② ふけい

③ ぎけい　ぎ　　　　　　④ きょうだい

⑤ おとうと　　　　　　　⑥ ぎてい　ぎ

●特べつなことば… お兄さん
　とく　　　　　　　　にい

22

◆ 漢字を　読みましょう。

① 一ばん上の　姉は　アメリカに　りゅう学しています。
ばん　　　　　　　　　　りゅう

② 妹は　今　十さいです。
さい

③ となりの　家の　姉妹は　きれいで　ゆう名です。
ゆう

④ ぎりの　姉は　高校の　先生です。

⑤ まりこさんは　三人姉妹の　まん中です。
まん

◆ 漢字を　書きましょう。

① あね　　　　　　　　　　② ぎりのあね

③ いもうと　　　　　　　　④ しまい

⑤ さんにんしまい

●特べつなことば… お姉さん
とく　　　　　　　　ねえ

◆ 漢字を　読みましょう。

① 私は　家の　にわで　花を　育てています。

　　　　　　　　　　　　　　　　　　てて

② むすこは　私立の　中学校に　かよっています。

③ やさいが　よく　育つように　まい日　水を　やります。

　　　　　　　　　　　　つ　　　まい

④ 今日の　体育は　バレーボールを　します。

⑤ 母に　育じを　手つだってもらいます。

　　　　　　　　　じ　　つだって

◆ 漢字を　書きましょう。

① わたし

② しりつだいがく

③ 子どもがそだつ　　　　　　　　　つ

④ 花をそだてる　　　　　　　　てる

⑤ こそだて　　　　　　　　て

⑥ たいいく

24

ふくしゅう

1. 漢字を　読みましょう。

① 子どものころ　よく　兄弟げんかを　しました。

① _____

② 2年まえに　家を　新しく　たてました。

② _____

③ お兄さんは　何時に　帰ってきますか。

③ お_____さん

④ 妹は　おなかが　すくと　すぐ　なきます。

④ _____

⑤ 小学校のころ　体育が　一ばん　好きでした。

⑤ _____

⑥ 大家さんは　アパートの　1かいに　すんでいます。

⑥ _____さん

⑦ 山川さんは　いなかで　育ちました。

⑦ _____ちました

⑧ 水族かんで　めずらしい　魚や　貝を　見ました。

⑧ _____かん

⑨ しょう来は　まんが家になる　つもりです。

⑨ まんが_____

⑩ 姉は　けっこんして　名字が　かわりました。

⑩ _____

2. 漢字を　書きましょう。

① あには　アメリカに　りゅう学しています。

① _____

② むすめは　しりつの　高校に　かよっています。

② _____

③ 川田さんの　いえは　南むきで　大きな　門が　あります。

③ _____

④ おっとは　いくじを　手つだってくれます。

④ _____じ

⑤ おとうとは　今年　小学生になりました。

⑤ _____

⑥ 私の　家は　ごにんかぞくです。

⑥ _____

⑦ 上田さんの　おねえさんは　きれいな　人です。

⑦ お_____さん

⑧ まい月　25日までに　やちんを　はらいます。

⑧ _____ちん

⑨ ベランダで　トマトを　そだてています。

⑨ _____てて

⑩ 山田さんしまいは　二人とも　大学生です。

⑩ _____

2 マンション

あなたは　どんなところに　すんでいますか。
すんでいるところや　部屋（へや）について　聞（き）いたり　話（はな）したり
できるように　なりましょう。

部 屋 広 低 近 遠 静

◆ 漢字を 読みましょう。

① 学部を よく しらべてから 大学を きめてください。

② かれは サッカー部の 部長です。

③ これらは 私が もっている 本の 一部です。

④ マンションの 屋上から ふじ山が 見えます。

⑤ 私の 学校には うさぎ小屋が あります。

◆ 漢字を 書きましょう。

① ぶんがくぶ ぶん

② バレーぶ バレー

③ ぶか

④ ぶちょう

⑤ ほんや

⑥ はなや

⑦ やね ね

⑧ おくじょう

● 特べつなことば… 部屋
　とく　　　　　　　へや

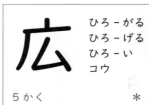
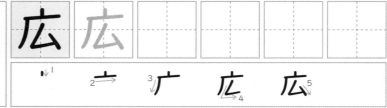

◆ 漢字を 読みましょう。

① 川上さんの 部屋は 広くて きれいです。
　　　　　　さん　　　　　　くて

② じゅんび体そうを はじめます。みなさん 広がってください。
　　　　　　そう　　　　　　　　　　　　　　がって

③ 電車の中で 足を 広げて すわらないでください。
　　　　　　　　　　　　　　　　げて

④ 私は せが 低いので 高いところが とどきません。
　　　　　　　　い　　　い

⑤ 子どもの 学力の 低下が もんだいになっています。
　　　　ども

◆ 漢字を 書きましょう。

① ひろいにわ　　　　　　　い　　② みちがひろがる　　　　　　がる

③ 新聞をひろげる　　　　　げる　　④ こうだいなとち　　　　　　な
　しんぶん

⑤ せがひくい　　　　　　　い　　⑥ ていか

⑦ ていがくねん　　　　　　　　　⑧ こうてい

28

◆ 漢字を　読みましょう。

① 私の　家の　近くに　大きな　こうえんが　あります。
　　　　　　　　　　　　　く　　　　きな

② このみちは　学校への　近みちです。
　　　　　　　　　　　　　　　みち

③ 姉は　さい近　けっこんして　アメリカへ　行きました。
　　　　　　さい　　　　　　　　　　　　きました

④ 私の　家は　えきから　遠いので　バスに　のります。
　　　　　　　　　　　　い

⑤ 遠りょしないで　たくさん　食べてください。
　　　　りょ　　　　　　　べて

◆ 漢字を　書きましょう。

① 学校にちかい　　　　　　　　い
　がっこう

② 川にちかづく　　　　　　　づく
　かわ

③ きんじょ　　　　　　じょ

④ さいきん　さい

⑤ えきからとおい　　　　　　い

⑥ えんそく

⑦ ぼうえんきょう　ぼう　　　きょう

29

静　しず－か　セイ

１４かく　　　＊

◆ 漢字を　読みましょう。

① すみません、　すこし　静かにしてください。
かに

② ここは　静かな　町ですね。
かな

③ じしんの　ときも　かれは　れい静に　行どうしました。
れい　　　に　　　　　どう

④ １しゅう間は　安静にしてください。
いっしゅう　　　　　　　　　　に

◆ 漢字を　書きましょう。

① しずかな部屋　　　　　　かな　　② れいせいな人　れい　　　な

③ あんせい　　　　　　　　　　　④ せいでんき

30

ふくしゅう

1. 漢字を 読みましょう。

① 今日の よるは 気おんが 低下します。
① _____

② 新しい アパートは 広くて きれいです。
② _____ くて

③ ぼう遠きょうで 月を かんさつしました。
③ ぼう _____ きょう

④ 火じが となりの 家まで 広がりました。
④ _____ がりました

⑤ このマンションの 屋上から 花火が 見えます。
⑤ _____

⑥ 川田さんには 低学年の 子どもが います。
⑥ _____

⑦ さい近 あつい日が つづいています。
⑦ さい _____

⑧ 私の 弟は サッカー部に 入っています。
⑧ サッカー _____

⑨ この公園は 静かですね。
⑨ _____ か

⑩ アフリカには 広大な さばくが あります。
⑩ _____ な

2. 漢字を 書きましょう。

① 私は せが ひくくて 高い ところが とどきません。
① _____ くて

② ぶちょうは 今 外出しています。
② _____

③ まんいん電車の 中で 新聞を ひろげないでください。
③ _____ げないで

④ えんりょしないで 食べてください。
④ _____ りょ

⑤ 学校の 帰りに ほんやで ざっしを 買いました。
⑤ _____

⑥ 家から かいしゃまで とおくて 大へんです。
⑥ _____ くて

⑦ 大雨のとき 川に ちかづいてはいけません。
⑦ _____ づいて

⑧ 私は ぶんがくぶを そつぎょうしました。
⑧ ぶん _____

⑨ 川上さんは いつも れいせいで おちついています。
⑨ れい _____

⑩ 家の ちかくに 古い お寺が あります。
⑩ _____ く

いつもは　カジュアルな　ふだんぎでも　デートには　おしゃれを
していきますね。
ばしょに　あわせて　コーディネートを　たのしみましょう。

洋　服　短　玉　毛　糸　光　衣

◆ 漢字を　読みましょう。

① せん門学校で　西洋りょうりを　べんきょうしました。
　　　せん　　　　　　　　　　　　りょうり

② かの女に　洋がくの　CDを　かりました。
　　　かの　　　　　　　がく

③ 今どの　デートで　きる洋服を　買いました。
　　　　　ど　　　　　　　　　　　　いました

④ 一どで　いいから　わ服を　きてみたいです。
　　　　　ど　　　　わ

⑤ しごとのときは　いつも　せい服を　きています。
　　　　　　　　　　　　せい

◆ 漢字を　書きましょう。

① せいよう　　　　　　　　　② とうよう

③ ようがく　　　　　　がく　④ ようが　　　　　　　　　が

⑤ せいふく　せい　　　　　　⑥ ようふく

⑦ わふく　　わ　　　　　　　⑧ しふく

| 短 | みじか-い
タン | 短 | 短 | | | | |
| 12 かく | | | | | | | |

筆順: 乞 矢 知 短 短 短

| 玉 | たま | 玉 | 玉 | | | | |
| 5 かく | * | | | | | | |

筆順: 一 下 干 王 玉

◆ 漢字を　読みましょう。

① きのうは　短い　時間でしたが　とても　たのしかったです。

② びょういんで　かみを　短く　きってもらいました。

③ 田中さんは　いい　人ですが　ちょっと　短気です。

④ 水玉もようの　ブラウスを　買いました。

⑤ 子どものころ　よく　お手玉で　あそびました。

◆ 漢字を　書きましょう。

① みじかい　　　　　　　　い

② たんきなせいかく　　　　　　　　な

③ たんしょ　　　　　　　しょ

④ みずたま

⑤ たまねぎ　　　　　　ねぎ

⑥ じゅうえんだま

⑦ おとしだま　お

◆ 漢字を　読みましょう。

① りょうりに　かみの毛が　入っていました。
　　　　　　かみの　　　　　　　って

② まゆ毛を　きれいに　ととのえます。
　　　　まゆ

③ すみません。毛ふを　一まい　かしてください。
　　　　　　　　　ふ　　まい

④ 毛糸で　ぼうしを　作っています。
　　　　　　　　　　　　って

⑤ 洋服に　糸くずが　ついていますよ。
　　　　　　　　くず

◆ 漢字を　書きましょう。

① かみのけ　　かみの　　　　　② まつげ　　まつ

③ まゆげ　　まゆ　　　　　　　④ いぬのけ　　　　の

⑤ ようもう　よう　　　　　　　⑥ もうふ　　　　　　ふ

⑦ けいと　　　　　　　　　　　⑧ はりといと

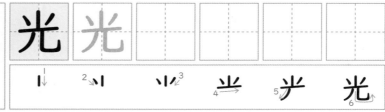

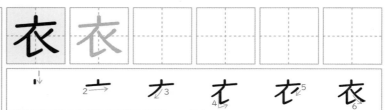

◆ 漢字を　読みましょう。

① ゆびわの　ダイヤモンドが　きらきら　光っています。

　　　　　　　　　　　　　　　って

② たいようの　光から　電気を　作ります。

　　　　　　　　　　　　　　　ります

③ 日光には　ゆう名な　みずうみが　あります。

　　　　　　　　ゆう　　な

④ きない衣服を　リサイクルします。

⑤ 10月に　衣がえを　しました。

　　じゅう　　　　　がえ

◆ 漢字を　書きましょう。

① ほしがひかる　　　　　　　る　　② 月のひかり

③ にっこう　　　　　　　　　④ かんこう　　かん

⑤ いふく　　　　　　　　　　⑥ こういしつ　こう　　しつ

⑦ ころもがえ　　　　　　がえ

ふくしゅう

1. 漢字を 読みましょう。

① はりと 糸を 使って ボタンを つけます。
② かれは すぐに おこる 短気な 人です。
③ こう衣しつで せい服に きがえます。
④ よう毛で できたコートは あたたかいです。
⑤ 今夜は 月が 明るく 光っています。
⑥ 友だちに 洋がくの CD を かりました。
⑦ おばあさんに お手玉あそびを おしえてもらいました。
⑧ 川田か長は 私服も おしゃれです。
⑨ プレゼントに 毛糸の 手ぶくろを もらいました。
⑩ 6月に 衣がえを します。

①	
②	な
③ こう	しつ
④ よう	
⑤	って
⑥	がく
⑦ お	
⑧	
⑨	
⑩	がえ

2. 漢字を 書きましょう。

① ふゆ物の 新しい ようふくを 買いました。
② かたに いとくずが ついていますよ。
③ みずたまもようの スカートを はいています。
④ まえがみを みじかく 切りました。
⑤ りかの じゅぎょうで ひかりの 速どを ならいました。
⑥ 早川先生は とうようの れきしが せん門です。
⑦ さむかったら もうふを かけてください。
⑧ いりょうひんうりばは 2かいと 3がいです。
⑨ まりえさんは いつも つけまつげを しています。
⑩ 土よう日に あさくさを かんこうします。

①	
②	くず
③	もよう
④	く
⑤	
⑥	
⑦	ふ
⑧	りょうひん
⑨ まつ	
⑩ かん	

アチーブメントテスト

1. 漢字を　読みましょう。
かんじ　　　よ

① こうじが　おわって　みちが　広がりました。
　　　　　　　　　　　　　　　　がりました

② まんが家になりたくて　デザインの　せん門学校に　入りました。
　　まんが　　　　　　　　　　　　もんがっこう　　　はい

③ 山田さんは　部長になりました。
　やまだ

④ 母に　水玉もようの　スカーフを　プレゼントしました。
　はは　　　　もよう

⑤ となりの　姉妹は　いつも　二人で　あそんでいます。
　　　　　　　　　　　　　　ふたり

⑥ まい月　月まつまでに　家ちんを　はらいます。
　　　つき　げつ　　　　　　ちん

⑦ えきの　近くに　コンビニが　たくさん　あります。
　　　　　　く

⑧ きのう　つめを　短く　きりました。
　　　　　　　　　　　く

⑨ 近くの　畑で　トマトや　きゅうりを　育てています。
　ちか　　はたけ　　　　　　　　　　てて

⑩ と書かんでは　静かに　しましょう。
　　しょ　　　　　　かに

2. 漢字を　書きましょう。
かんじ　　　か

① おおや

② きょうだい

③ ころもがえ　　　　　　がえ

④ しりつだいがく

⑤ おくじょう

⑥ えんそく

⑦ ひかる　　　　　　　　る

⑧ まつげ　　まつ

⑨ ていか

⑩ たいいく

3. ぶんを　読んで　漢字を　読んだり　書いたりしましょう。

①わたしの　②家族

　わたしの　家族は　5人です。　父と　母と　③兄と　④いもうとが　います。

　父は　⑤洋服を　デザインするしごとを　しています。そして　花を　⑥そだてるのが　好きです。いつか　⑦ひろい　にわが　ある⑧家に　すみたいそうです。

　母は　小学校の　きょうしです。　母の　しゅみは　⑨毛糸で　ぬいぐるみをつくることです。

　兄は　大学生です。　大学で　⑩かん光について　勉強しています。長い　休みは　よく　りょ行します。

　いもうとは　高校生です。いもうとの　学校は　⑪せいふくが　あります。⑫バレー部に　入っていて　⑬かみの毛が　とても　⑭みじかいです。いもうととは　ときどき　けんかを　しますが　なかがいい⑮姉妹です。

　わたしは　今年　大学生になりました。　学校は　家から　⑯とおいのでまいあさ　はやく　おきなければなりません。

　わたしの　家は　えきの　⑰ちかくで　⑱しずかじゃありません。夜、わたしの⑲部屋から　東京タワーが　⑳ひかっているのが　見えます。とても　きれいです。

①	②	③	④
⑤	⑥　　　　てる	⑦　　　　　い	⑧
⑨	⑩ かん	⑪ せい	⑫ バレー
⑬ かみの	⑭　　　　い	⑮	⑯　　　　　い
⑰　　　　く	⑱　　　　か	⑲	⑳　　　　って

1. えを 見て 漢字を 書きましょう。
      み   かんじ   か

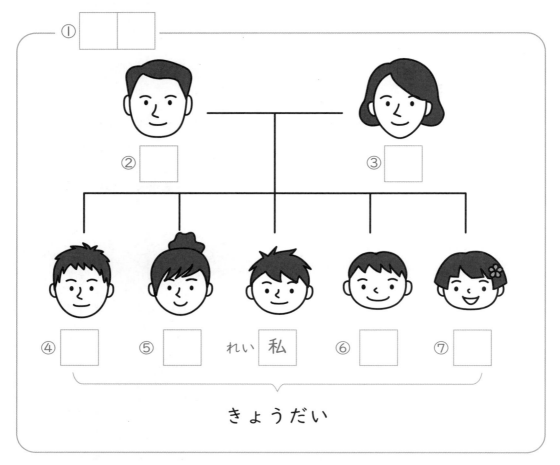

① [|]

② [ ]   ③ [ ]

④ [ ]   ⑤ [ ]   れい [私]   ⑥ [ ]   ⑦ [ ]

きょうだい

⑨ [|]

⑧ [|]

2. ▢の中に　漢字を　書きましょう。

① ▢い　⇔　せまい　　② 高い　⇔　▢い
　　　　　　　　　　　　　　たか

③ うるさい　⇔　▢か　　④ 遠い　⇔　▢い
　　　　　　　　　　　　　　とお

⑤ 長い　⇔　▢い　　⑥ 高学年　⇔　▢学年
　　なが　　　　　　　こうがくねん　　がくねん

3. ▭の　漢字を　つかって　▢に　漢字を　書きましょう。

| 市 | 立 | 口 | 未 | 月 | 青 | 羊 | 方 |

① 私は　5人　家▢矢　です。
　わたし　　にん　か

② 女▢　は　三つ　年上で　女▢　は　二つ　年下です。
　　　　　　みっ　としうえ　　　　　ふた　としした

③ このカフェは　いつも　▢争かです。

④ 体▢の　じゅぎょうで　テニスを　しました。
　たい

⑤ 大学で　西氵▢しを　べんきょうしています。
　だいがく　せい

⑥ ▢阝屋から　うみが　見えます。
　　　や　　　　　み

41

2章 コンビニ | 1 レジ

Convenience Stores
便利店
Cửa hàng tiện lợi
At the Cash Register
收银台
Quầy thanh toán

コンビニは　とても　便利です。いろいろな　サービスが　あります。
レジで　おべん当を　あたためてもらうこともできます。
お店の　人は　とても　親切です。

店　客　親　切　売　当　品

◆ 漢字を　読みましょう。
<small>かんじ　　　よ</small>

① あの店は　サービスが　よくて　人気が　あります。

② コンビニの　店いんに　みちを　聞きました。
　　　　　　　　　　いん　　　　　　きました

③ このぎん行の　本店は　どこですか。
　　　　ぎん

④ お客さんに　店内を　あん内します。
　　お　　さん　　　　　あん

⑤ くうこうに　りょ客きが　つきました。
　　　　　りょ　　　き

◆ 漢字を　書きましょう。
<small>かんじ　　　か</small>

① みせ

② てんちょう

③ ほんてん

④ してん　　し

⑤ きっさてん　きっさ

⑥ おきゃくさん　お　　さん

⑦ らいきゃく

⑧ きゃくま

43

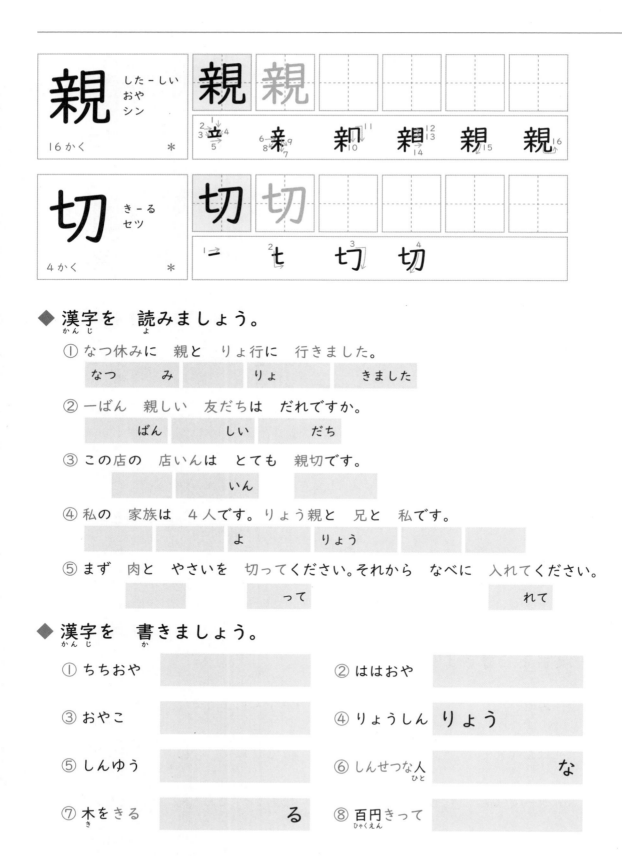

親	した-しい おや シン	親	親				
16 かく　　　＊		立 亲 新 親 親 親					

切	き-る セツ	切	切				
4 かく　　　＊		一 七 切 切					

◆ 漢字を　読みましょう。

① なつ休みに　親と　りょ行に　行きました。

なつ	み		りょ		きました

② 一ばん　親しい　友だちは　だれですか。

ばん	しい	だち

③ この店の　店いんは　とても　親切です。

	いん	

④ 私の　家族は　4人です。りょう親と　兄と　私です。

	よ	りょう		

⑤ まず　肉と　やさいを　切ってください。それから　なべに　入れてください。

	って	れて

◆ 漢字を　書きましょう。

① ちちおや

② ははおや

③ おやこ

④ りょうしん　　りょう

⑤ しんゆう

⑥ しんせつな人　　　な

⑦ 木をきる　　　る

⑧ 百円きって

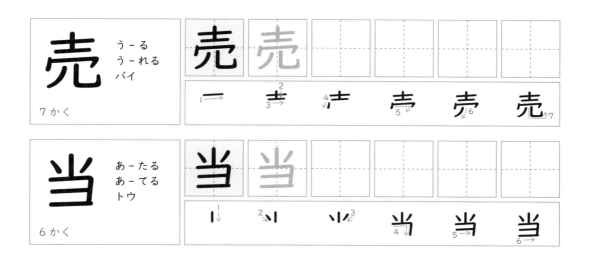

◆ 漢字を　読みましょう。
<ruby>漢字<rt>かん じ</rt></ruby>を　<ruby>読<rt>よ</rt></ruby>みましょう。

① 読んだ　本を　古本屋に　売りました。

んだ　　　　　　　　　　　　　　　りました

② 新しい　ＣＤが　たくさん　売れました。

しい　　　　　　　　　れました

③ えきの　売店で　新聞を　買いました。

いました

④ ボールが　目に　当たって　けがを　してしまいました。

たって

⑤ くじで　おんせんりょ行を　当てました。

りょ　　　　てました

◆ 漢字を　書きましょう。
<ruby>漢字<rt>かん じ</rt></ruby>を　<ruby>書<rt>か</rt></ruby>きましょう。

① 服をうる　　　　　　　　　る　　② やすうり　　　　　　　　　り
　<ruby>服<rt>ふく</rt></ruby>

③ ばいてん　　　　　　　　　　　　④ たからくじがあたる　　　　たる

⑤ よそうをあてる　　　　　てる　　⑥ べんとう　　　べん

⑦ とうじつ　　　　　　　　　　　　⑧ ほんとう

●特べつなことば… 売り切れ
　<ruby>特<rt>とく</rt></ruby>　　　　　　　　　<ruby>売<rt>う</rt></ruby>り<ruby>切<rt>き</rt></ruby>れ

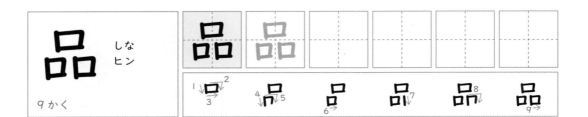

品 しな ヒン

9かく

◆ 漢字を 読みましょう。
かんじ よ

① おもい出の 品物を かたづけました。
　　　おもい　　　　　　

② 安売りの せんざいが 品切れでした。
　　　　　　り　　　　　　　　　　れ

③ 近じょの スーパーは 夕方に 食品が とても 安くなります。
　　　　じょ　　　　　　　　　　　　　　　　　　　　　　　く

④ 山田さんは 話し方が とても 上品な 人です。
　　　　さん　し　　　　　　　　　な

⑤ 入学の おいわいに デパートの しょう品けんを もらいました。
　　　　　　　　　　　　　　　　　しょう　　けん

◆ 漢字を 書きましょう。
かんじ か

① しなもの　　　　　　　　　② しなかず　　　　かず

③ てじな　　　　　　　　　　④ しょくひん

⑤ しょうひん　しょう　　　　⑥ じょうひん

⑦ げひん

46

ふくしゅう

1. 漢字を　読みましょう。

① たからくじが　当たったら　何を　したいですか。
② 一ばん　親しい　友だちが　ひっこしてしまいました。
③ ほうちょうで　やさいを　切ります。
④ えきの　まえに　新しい　店が　できました。
⑤ このスーパーは　品かずが　多くて　ゆう名です。
⑥ あのレストランは　いつも　お客さんが　たくさんいます。
⑦ まい朝　えきの　売店で　コーヒーを　買います。
⑧ くうこうに　りょ客きが　とうちゃくしました。
⑨ 下品な　食べ方は　やめましょう。
⑩ パーティーで　手品を　します。

①	たったら
②	しい
③	ります
④	
⑤	かず
⑥ お	さん
⑦	
⑧ りょ	き
⑨	
⑩	

2. 漢字を　書きましょう。

① 新しい　CDが　百万まい　うれました。
② コンビニで　おべんとうを　あたためてもらいます。
③ 小さいころ　おやこで　プールへ　行きました。
④ てんいんが　ていねいに　せつ明してくれました。
⑤ しんせつな　人に　みちを　おしえてもらいました。
⑥ 田中さんは　じょうひんで　とても　きれいです。
⑦ きゃくまに　花を　かざります。
⑧ バッターの　あたまに　ボールを　あててしまいました。
⑨ 先しゅう　しんゆうと　ディズニーランドへ　行きました。
⑩ ゆうびんきょくで　きってを　買いました。

①	れました
② おべん	
③	
④	いん
⑤	な
⑥	
⑦	
⑧	てて
⑨	
⑩	

Convenience Stores
便利店
Cửa hàng tiện lợi
Inside the Store
店内
Trong cửa hàng

コンビニには　いろいろな　品物が　あります。
しなもの
コピーを　することもできます。ＡＴＭで　お金も　おろせます。
かね

| 便 | 利 | 使 | 銀 | 白 | 黒 | 紙 |

◆ 漢字を　読みましょう。
かんじ　　よ

① いなかの　そ父から　便りが　来ました。
　　　　　　　そ　　　　　　　り　　ました

② コンビニは　何でも　あって　とても　便利です。
　　　　　　　　　　　でも　　　　　　　　　

③ ゆう便きょくで　切手を　買って　手がみを　出しました。
　　ゆう　　きょく　　　　　　　って　　がみ　　しました

④ 明日　8時の　便で　くにへ　帰ります。
　　　　　　　はち　　　　　　　　　　ります

⑤ 休み時間を　利ようして　先生に　しつもんします。
　　　み　　　　よう　　　　　　　

◆ 漢字を　書きましょう。
かんじ　　か

① たよりが来る　　　　　　り　　② べんり

③ トイレのべんき　　　　　　き　　④ こうくうびん　こうくう

⑤ びんせん　　　　　　せん　　⑥ ゆうびんきょく　ゆう　　きょく

⑦ りょう　　　　　　よう　　⑧ りしがつく

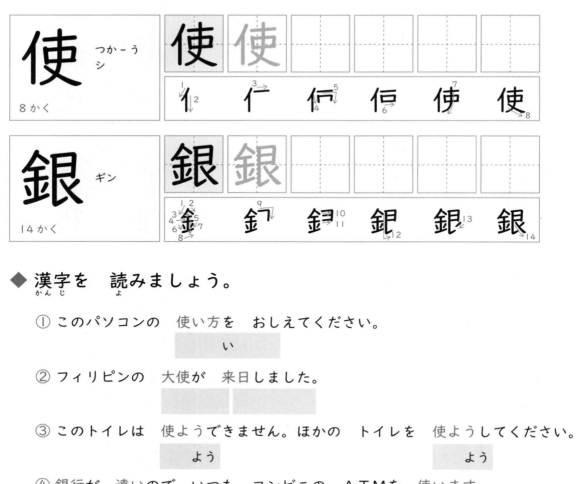

◆ 漢字を 読みましょう。

① このパソコンの 使い方を おしえてください。
　　　　　　　　　　　い

② フィリピンの 大使が 来日しました。

③ このトイレは 使ようできません。ほかの トイレを 使ようしてください。
　　　　　　　　　よう　　　　　　　　　　　　　　　　　　よう

④ 銀行が 遠いので いつも コンビニの ＡＴＭを 使います。
　　　　　　　　　　　い　　　　　　　　　　　　　　います

⑤ オリンピックで 日本は 金メダルと 銀メダルを たくさん とりました。
　　　　　　　　　　　メダル　　　メダル

◆ 漢字を 書きましょう。

① じしょをつかう 　　　　　　う　　② つかいかた 　　　　い

③ たいし 　　　　　　　　　　　　　④ しよう 　　　　　　よう

⑤ ぎんこう 　　　　　　　　　　　　⑥ ぎんいろ 　　　　いろ

白	しろ－い しろ ハク		
5 かく	＊		

黒	くろ－い くろ コク		
11 かく			

◆ 漢字を　読みましょう。

① カラーコピーは　五十円、白黒コピーは　十円です。

② たん生日に　白い　ワンピースを　買ってもらいました。

③ びょういんの　いしゃは　白衣を　きています。

④ 西の　そらに　まっ黒な　くもが　見えます。

⑤ 目が　わるくて　黒ばんの　字が　よく　見えません。

◆ 漢字を　書きましょう。

① しろくろコピー

② しろい　　　　　　　　　い

③ はくちょう　　　　ちょう

④ くろい　　　　　　　　　い

⑤ くろこしょう　　　こしょう

⑥ まっくろ　　まっ

⑦ くろじ

⑧ くろおび　　　　　　　　おび

紙 かみ シ
10 かく

◆ 漢字を　読みましょう。

① 紙を　半分に　切ってください。
　　[　　　] [　　　]　[　　　] って

② コピーよう紙を　百まい　買いました。
　　　　[　] よう　　　　　[　] まい　　[　] いました

③ いつも　土よう日に　新聞紙を　まとめて　リサイクルに　出します。
　　　　　　　[　] よう　　　[　　　]　　　　　　　　　　　　　　[　] します

④ おり紙で　どう物を　おるのが　好きです。
　　[　] おり　　　[　] どう　　　　　　　[　] き

◆ 漢字を　書きましょう。

① かみ　　　[　　　　　]　　② かみコップ　　[　　] コップ

③ かみひこうき　[　] ひこうき　　④ おりがみ　　[　] おり

⑤ コピーようし　[　] よう　　　　⑥ しんぶんし　[　　　　　]

52

ふくしゅう

1. 漢字を　読みましょう。

① 白い　服を　きている　女の子は　だれですか。	①　　　　　　　　　　　い
② お金を　かりたら　利子を　はらわなければなりません。	②
③ 山下さんは　じゅうどうで　銀メダルを　とりました。	③　　　　　　　　メダル
④ インターネットは　とても　便利です。	④
⑤ 川上さんは　から手の　黒おびです。	⑤　　　　　　　　　おび
⑥ ゆう便きょくで　はがきを　買いました。	⑥ ゆう　　　　きょく
⑦ おり紙で　きれいな　花を　おりました。	⑦ おり
⑧ せんたくしたら　シャツが　まっ白になりました。	⑧ まっ
⑨ むかし　ならった先生から　便りが　ありました。	⑨　　　　　　　　　　り
⑩ コピーよう紙が　なくなって　しまいました。	⑩ よう

2. 漢字を　書きましょう。

① 学生が　こくばんに　こたえを　書きます。	①　　　　　　　　　ばん
② この水どうは　しようしないでください。	②　　　　　　　　　よう
③ かみひこうきを　つくって　あそびます。	③　　　　　　ひこうき
④ 大雨で　今日の　びんは　キャンセルになりました。	④
⑤ このえきを　りようする人は　１日　一万人ぐらいです。	⑤　　　　　　　　　よう
⑥ はくちょうの　親子が　みずうみで　あそんでいます。	⑥　　　　　　　　ちょう
⑦ デパートで　くろい　スーツを　買いました。	⑦　　　　　　　　　　い
⑧ しんぶんしは　ひもで　しばって　出してください。	⑧
⑨ パソコンの　つかいかたが　よく　わかりません。	⑨　　　　　　　　　い
⑩ ちょっと　ぎんこうに　行ってきます。	⑩

3 24時間
にじゅうよ じかん

Convenience Stores
便利店
Cửa hàng tiện lợi
24 Hours
24 小时
24 giờ

コンビニは 24時間 あいています。

朝 早くても 夜 おそくても いつでも 行くことができます。
あさ はや よる い

朝 晩 昼 夜 前 後 午 早

◆ 漢字を　読みましょう。
　　かんじ　　　　　　よ

　　① 今日の　朝　何時に　おきましたか。

　　② 朝食は　いつも　パンと　牛にゅうです。
　　　　　　　　　　　　　　　　　　　　　　にゅう

　　③ まどから　入ってきた朝日で　目が　さめました。
　　　　　　　　　って

　　④ さい近　朝晩　すずしくなりました。
　　　　　さい

　　⑤ いっしょに　晩ごはんを　食べませんか。
　　　　　　　　　　ごはん　　　べません

◆ 漢字を　書きましょう。
　　かんじ　　　か

　　① あさ　　　　　　　　　　　　② まいあさ　　まい

　　③ あさひ　　　　　　　　　　　④ ちょうしょく

　　⑤ あさばん　　　　　　　　　　⑥ ばんごはん　　　ごはん

　　⑦ こんばん

● 特べつなことば… 今朝
　　とく　　　　　　　けさ

◆ 漢字を 読みましょう。

① 昼休みに コンビニへ 行きます。
　　　　　　　み　　　　　　　　きます

② 昼食は もう 食べましたか。
　　　　　　　　　　べました

③ きのうの 夜 8時に うちへ 帰りました。
　　　　　　　はち　　　　　りました

④ 一人で 夜みちを あるくときは 気を つけてください。
　　　　　　　　みち

⑤ 母が 夜食を もって 来てくれました。
　　　　　　　　　　もって　　て

◆ 漢字を 書きましょう。

① ひる

② ちゅうしょく

③ よる

④ よみち　　　　　　　みち

⑤ よなか

⑥ こんや

⑦ しんや　　しん

⑧ やしょく

◆ 漢字を　読みましょう。
かん じ　　　 よ

① コンビニの前に　銀行が　あります。

② ここに　名前を　書いてください。
　　　　　　　　　　　　　いて

③ うんてんするとき　前後左右に　気を　つけましょう。

④ れつの　後ろに　ならんでください。
　　　　　　　　　ろ

⑤ じゅぎょうの後　友だちと　買い物に　行きます。
　　　　　　　　　　　　だち　　い　　　　　きます

◆ 漢字を　書きましょう。
かん じ　　　 か

① なまえ　　　　　　　　　　　　② ぜんご

③ ぜんはん　　　　　　　　　　　④ こうはん

⑤ 服のまえうしろ　　　　　　ろ　⑥ うしろの車　　　　　　　ろ
　ふく　　　　　　　　　　　　　　　　　くるま

⑦ 食じのあと
　しょく

57

午 ゴ	午	午				
4かく	↓ノ	ﾉ 2	3→ ⇉	午 ↓4		

早 はや-い ソウ	早	早				
6かく *	↓丨	日 2	3→ 日	日 4→	旦 5→	早 ↓6

◆ 漢字を 読みましょう。
<small>かんじ よ</small>

① 学校は 午前 ９時から 午後 ４時までです。
　　　　　　　　　　　　　　く　　　　　よ

② しょう午になったら 昼ごはんを 食べましょう。
　しょう　　　　　　　　ごはん　　　べましょう

③ まだ 時間が 早くて だれも 来ていません。
　　　　　　　　くて　　　　　て

④ 私は まい朝 早く おきます。
　　　　　　まい　　　　く

⑤ 早朝 アルバイトを してから 学校へ 行きます。
　　　　　　　　　　　　　　　　　　　　きます

◆ 漢字を 書きましょう。
<small>かんじ か</small>

① ごぜん　　　　　　　　　　② ごご

③ ごぜんちゅう　　　　　　　④ しょうご　　しょう

⑤ はやい　　　　　　　い　　⑥ はやくおきる　　　　　　く

⑦ はやくちな人　　　　な　　⑧ そうちょう
　　　　<small>ひと</small>

58

ふくしゅう

1. 漢字を 読みましょう。

① 後半 20 分に 日本チームが 1 てん とりました。　　　①

② 川口さんは とても 早口です。　　　②

③ 昼食は そばを 食べました。　　　③

④ はじめに クラスと 名前を 書いてください。　　　④

⑤ 今夜 9 時から ドラマを 見ます。　　　⑤

⑥ 前後左右に 気をつけて うんてんしてください。　　　⑥

⑦ 朝食は いつも パンと コーヒーです。　　　⑦

⑧ 午後 2 時から かいぎを 始めます。　　　⑧

⑨ 今朝 5 時に おきて ランニングを しました。　　　⑨

⑩ アルバイトの後 いっしょに 食じしましょう。　　　⑩

2. 漢字を 書きましょう。

① レジのうしろに たばこが あります。　　　① 　　　ろ

② やしょくに ラーメンを 食べると ふとります。　　　②

③ 学校は ごぜん 9 時から 始まります。　　　③

④ ひるやすみに 友だちと コンビニへ 行きました。　　　④ 　　　み

⑤ あさ 8 時に うちを 出ました。　　　⑤

⑥ 今日の ばんごはんは 何ですか。　　　⑥ 　　　ごはん

⑦ よなかに おきて べんきょうしました。　　　⑦

⑧ そうちょうに こうえんを さんぽします。　　　⑧

⑨ いつも よる 10 時に ねます。　　　⑨

⑩ えきのまえに コンビニが あります。　　　⑩

2章 アチーブメントテスト

1. 漢字を 読みましょう。

① パーティーで 川本さんと 親しくなりました。
　　　　　　　かわもと　　　　　しく

② たからくじで 一おく円 当たったら どうしますか。
　　　　　　　いち　えん　たったら

③ にもつの ひもを はさみで 切ります。
　　　　　　　　　　　　　　りります

④ あそこの ケーキは すぐ 品切れになります。
　　　　　　　　　　　　　　　　れ

⑤ かの女は 上品な ふんいきを もっています。
　　じょ　　　　　な

⑥ くにの 先生から 便りが 来ました。
　　　　せんせい　　り　　き

⑦ 昼食は 近くの こうえんで 食べましょう。
　　　　ちか　　　　　　た

⑧ コンビニに はさみが 売っていますか。
　　　　　　　　　　　　って

⑨ 早朝に 犬と さんぽします。
　　　　いぬ

⑩ うちの 近くに 新しい 店が できました。
　　　　ちか　　あたら

2. 漢字を 書きましょう。

① おやこ

② ほんてん

③ くろじ

④ しんぶんし

⑤ きゃくま

⑥ ぜんご

⑦ よなか

⑧ しょうご　しょう

⑨ しんゆう

⑩ あさばん

3. ぶんを　読んで　漢字を　読んだり　書いたりしましょう。

　　コンビニは　①あさから　②ばんまで　あいているので　とても　③べんりです。④昼は　たくさんの　⑤おきゃくさんが　⑥利ようしますが　⑦よる　おそい　時間に　行くこともできます。私は　毎日　学校の　⑧ひるやすみに　⑨おべん当や　飲み物を　買います。そして　きのうは　⑩しん夜に　⑪夜食を　買いに　行きました。

　　トイレットペーパーや　せんざい、ペンや　ノートなど　⑫店内には　いろいろな　⑬しなものが　あります。また　コンビニでは　コピーを　することもできます。⑭白黒コピーは　一まい　十円です。私は　テストの　⑮前に　友だちの　ノートを　よく　コピーします。ATMも　あるので　⑯ぎんこうが　うちから　遠くても　お金が　おろせます。⑰切手を　買うこともできます。トイレを　⑱つかうこともできます。⑲店いんも　みんな　⑳しんせつです。

　　コンビニは　生かつに　ひつような　ところです。

①	②	③	④
⑤ お　　　さん	⑥　　　よう	⑦	⑧　　　　み
⑨ おべん	⑩ しん	⑪	⑫
⑬	⑭　　コピー	⑮	⑯
⑰	⑱　　う	⑲　　いん	⑳

2章 クイズ

I. 下の ポスターを 見て ①～⑮の 読み方を 書きましょう。

フレンドマート　①しぶや店

アルバイト

えき②前だから③近くて ④便利

先ぱい⑤店いんはみんな⑥親切

【しごと】
・レジ
・⑦しょう品ならべ（⑧べん当など）

【時きゅう】
A：⑨午前 6:00 ～ 9:00　1200 円
B：⑩午後 6:00 ～ 9:00　1000 円
C：午後 10:00 ～ 1:00　1200 円

※⑪朝 ⑫早い 時間、⑬夜おそい 時間にはたらける人　大かんげい！
　⑭お客さんとたのしく話ができる人！
　いっしょにたのしくはたらきましょう。

　　　　　　　　　　　　　　　⑮店長：すずき

---

① しぶや	②	③　　　　くて	④
⑤　　　いん	⑥	⑦ しょう	⑧ べん
⑨	⑩	⑪	⑫　　　　い
⑬	⑭ お　　　さん	⑮	

2. □に　入る漢字を　書きましょう。

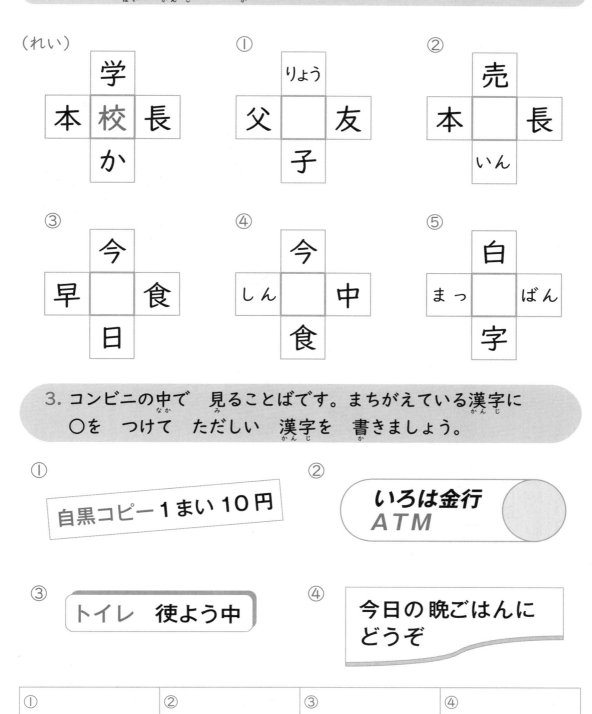

（れい）

```
    学
本 校 長
    か
```

①

```
    りょう
父 [ ] 友
    子
```

②

```
    売
本 [ ] 長
    いん
```

③

```
    今
早 [ ] 食
    日
```

④

```
    今
しん [ ] 中
    食
```

⑤

```
    白
まっ [ ] ばん
    字
```

3. コンビニの中で　見ることばです。まちがえている漢字に　○を　つけて　ただしい　漢字を　書きましょう。

①

自黒コピー1まい 10円

②

いろは金行
ATM

③

トイレ　使よう中

④

今日の晩ごはんに
どうぞ

①	②	③	④

Gifts
寄送物品
Bưu phẩm
Packages
包裹
Hành lý, hàng hóa

手紙や　荷物を　送るときに　使うことばを　おぼえましょう。
て がみ　 に もつ　 おく　　　　　つか

宅はい便で　荷物を　送ったり　うけとったりすることができます。
たく　びん　 に もつ　 おく

荷 送 宅 急 速 遅 重 軽

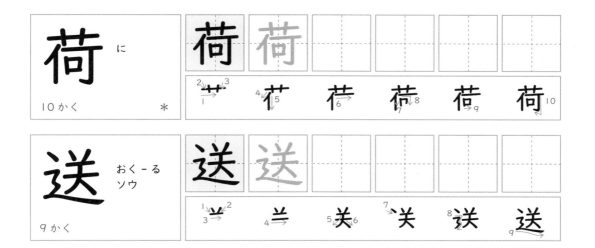

◆ 漢字を　読みましょう。

① 荷物が　たくさん　ありますね。少し　もちましょうか。
　　　　　　　　　　　　　　　　　　　し

② 手荷物は　あそこの　カウンターに　あずけてください。

③ メールに　ファイルを　てんぷして　送ってください。
　　　　　　　　　　　　　　　　　　って

④ 雨が　ふっていたので　えきまで　友だちを　送りました。
　　　　　　　　　　　　　　　　だち　　　りました

⑤ 友だちが　ひっこします。わかれる前に　みんなで　送べつかいを　しました。
　　　　　だち　　　　　　　　　　　　　　　べつかい

◆ 漢字を　書きましょう。

① にもつ

② てにもつ

③ 手紙をおくる　　　　　　　る

④ メールそうしん　　　　　　しん

⑤ みおくり　　　　　　　り

⑥ そうべつかい　　　べつかい

| 宅 タク 6かく | 宅 宅 |
| 急 いそ-ぐ キュウ 9かく | 急 急 |

◆ 漢字を　読みましょう。

① 山田さんの　お宅は　どちらですか。
　　　　　さん　お

② このあたりの　じゅう宅は　みんな　ゆう名人の　家です。
　　　　　じゅう　　　　　　　ゆう

③ 友だちと　パーティーを　します。宅はいピザを　ちゅうもんします。
　　　　　だち　　　　　　　　　　　　はい

④ 時間が　ないので　急いで　昼ごはんを　食べます。
　　　　　　　　　　　いで　　ごはん　べます

⑤ 朝は　いい　てん気でしたが　雨が　急に　ふってきました。
　　　　　　　てん　　　　　　　　　　に

◆ 漢字を　書きましょう。

① きたく

② じゅうたく　じゅう

③ おたく　お

④ いそいで帰る　　　いで
　　　　　かえ

⑤ きゅうこう

⑥ きゅうなようじ　　　な

⑦ きゅうきゅうしゃ　きゅう

◆ 漢字を　読みましょう。

① この川は　ながれが　速いです。
　　　　　　　　　　　　　　　　　　い

② 兄は　ごはんを　食べるのが　速いです。
　　　　　　　　　　　　　べる　　　　　い

③ このみちは　時速60キロまでしか　出してはいけません。
　　　　　　　　　　　　　　　　　　　　して

④ ねぼうして　やくそくの　時間に　遅れてしまいました。
　　　　　　　　　　　　　　　　れて

⑤ 学校に　遅こくしないでください。
　　　　　　　　　　　こく

◆ 漢字を　書きましょう。

① はやい　　　　　　　　　　　い　　② そくど　　　　　　　　　　ど

③ じそく　　　　　　　　　　　　　④ そくたつ　　　　　　　　たつ

⑤ おそい　　　　　　　　　　　い　　⑥ 電車がおくれる　　　　　れる
　　　　　　　　　　　　　　　　　　　でんしゃ

⑦ ちこく　　　　　　　　　こく

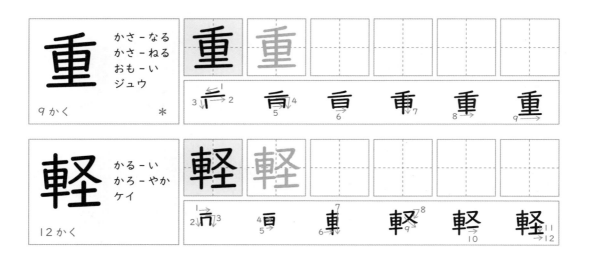

◆ 漢字を　読みましょう。

① 今日は　とても　さむいです。服を　何まいも　重ねて　きています。
　　　　　　　　　　　　　　　　　　　　　　まい　　　　　ねて

② 荷物が　重いので　タクシーで　帰ります。
　　　　　　　　い　　　　　　　　　ります

③ 今日の　かいぎは　とても　重ようなので　遅れないでください。
　　　　　　　　　　　　　　　　よう　　　　　れないで

④ 軽くて　ポケットが　たくさんあるかばんが　ほしいです。
　　　　くて

⑤ 朝の　ストレッチを　つづけていたら　体が　軽くなりました。
　　　　　　　　　　　　　　　　　　　　　　　く

◆ 漢字を　書きましょう。

① よていがかさなる　　なる　　② 本をかさねる　　ねる
　　　　　　　　　　　　　　　　　　ほん

③ たいじゅう　　　　　　　　　④ おもい荷物　　　　い
　　　　　　　　　　　　　　　　　　にもつ

⑤ かるいけが　　　　い　　　　⑥ 口がかるい　　　　い
　　　　　　　　　　　　　　　　　くち

⑦ かろやかにあるく　やかに　　⑧ けいしょく

68

ふくしゅう

1. 漢字を 読みましょう。

① このダンボール、とても 重いです。何が 入っていますか。

② 友だちに しゃしんを メールで 送ります。

③ いい天気でしたが 急に 雨になりました。

④ くにの 母から 荷物が とどきました。

⑤ ダイエットしたら 体が 軽くなりました。

⑥ どうして 遅こくしたんですか。

⑦ 先生の お宅は どちらですか。

⑧ 友だちを くうこうまで 見送りに 行きました。

⑨ 高山さんは クラスで 一ばん 足が 速いです。

⑩ 時間が ないので 急いでください。

①	い
②	ります
③	に
④	
⑤	く
⑥	こく
⑦ お	
⑧	り
⑨	い
⑩	いで

2. 漢字を 書きましょう。

① 私は まい晩 7時に きたくします。

② すみません。この手紙を そくたつで おねがいします。

③ くにへ 帰る 友だちの そうべつかいを します。

④ しりょうを 十まい かさねたら ホッチキスで とめます。

⑤ てにもつは こちらの カウンターへ どうぞ。

⑥ ここで サンドイッチなどの けいしょくが 買えます。

⑦ このえきは きゅうこうの 電車は とまりません。

⑧ たいじゅうが ふえたので ジョギングを 始めました。

⑨ あ、雨ですね。えきまで おくりましょうか。

⑩ やくそくの 時間に おくれて かの女と けんかしました。

①	
②	たつ
③	べつかい
④	ねたら
⑤	
⑥	
⑦	
⑧	
⑨	りましょう
⑩	れて

3章
しょう

おくり物
もの

2あて先
さき

Gifts
寄送物品
Bưu phẩm
Addresses
寄往地址
Thông tin người nhận

荷物を　送るとき　かならず　あて先を　書きます。
にもつ　　おく　　　　　　　　　　　さき　　　か

あて先を　書くときに　ひつような　漢字を　おぼえましょう。
さき　　　か　　　　　　　　　　　　かんじ

郵便番号	□□□-□□□□

お荷物の依頼・お問合せはこちらへ　0120-00-0000

お届け先	電話番号	（　）		
			様	

伝票番号	0123-4567-890
受付日　　年　　月　　日	お届け予定日　年　　月　　日
ご希望のお届け日がある場合はご記入ください。	月　　日
品名（ワレモノ・なまもの）	

ゴルフ・スキー・空港	クラブ本数　　本	／

午前中
12時▶14時
14時▶16時
16時▶18時
18時▶20時
20時▶21時

郵便番号	□□□-□□□□

ご依頼主	電話番号	（　）	
		様	

集荷・持込	現収・未収・回数券・清算カード		クール	冷凍	冷蔵
サイズ	60	80	100	運賃	円
	120	140	160	料金	円
				合計	円

取扱店・CVS店

店

住	所	様	主	番	地	号	京

◆ 漢字を　読みましょう。
かんじ　よ

① 私は　学生ようの　アパートに　住んでいます。
　　　[　　　　]　　　[よう]　　　　　　[んで]

② 住宅がいの中に　大きな　こうえんが　あります。
　　　[　　　　がい]　　　[　　きな]

③ 私は　高い　所が　あまり　好きじゃありません。
　　　[　　　][　い]　　　　　[　き]

④ この部屋は　「いま」です。食じを　したり　テレビを　見たりする　所です。
　　　[　　　　　]　　　　　[　じ]　　　　　[たり]　[　　　]

⑤ ここに　あなたの　名前と　住所を　書いてください。
　　　　　　　　[　　　　　]　[　　いて]

◆ 漢字を　書きましょう。
かんじ　か

① すむ　　　　　[　　　　む]　　② じゅうたくがい　[　　　がい]

③ たかいところ　[　い]　　　　④ じゅうしょ　　[　　　　]

⑤ ばしょ　[ば]　　　　　　⑥ なんかしょ　[　か]

⑦ ちょうしょ　[　　　　]　　⑧ たんしょ　[　　　　]

71

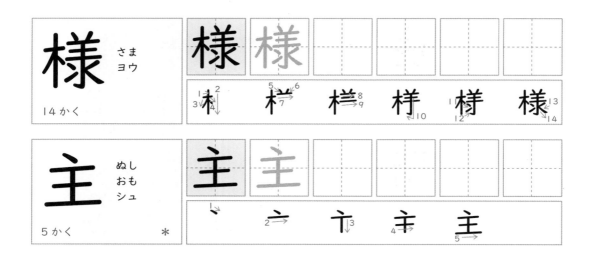

◆ 漢字を 読みましょう。
<ruby>漢字<rt>かんじ</rt></ruby>を <ruby>読<rt>よ</rt></ruby>みましょう。

① お客様、おまたせいたしました。こちらへ どうぞ。
　　お

② おつかれ様でした。お先に しつれいします。
　　おつかれ　　　　　お　　に

③ 店の外から 中の 様子を 見ます。
　　　　　　　　　　　　　　　　　　　　ます

④ おとし物の さいふの もち主を さがしています。
　　おとし　　　　　　もち

⑤ 早川さんの ご主人は 小学校の 校長です。
　　　　　　さん　ご

◆ 漢字を 書きましょう。
<ruby>漢字<rt>かんじ</rt></ruby>を <ruby>書<rt>か</rt></ruby>きましょう。

① たなかさま　　　　　　　　② おきゃくさま　お

③ 店内のようす　　　　　　　④ もちぬし　もち
　　てんない

⑤ おもに　　　　　に　　　　⑥ おもなメンバー　　　　　な

⑦ ごしゅじん　ご

◆ 漢字を　読みましょう。

① がんばって　べんきょうしたら　テストで　一番を　とりました。

② こう番で　銀行の　行き方を　聞きました。
　　　こう　　　　　　　　　　　き　　　　　きました

③ 今日の　そうじ当番は　私たちの　グループです。
　　　　　　　　　　　　　　　　　　たち

④ デパートの　地下で　食りょう品を　たくさん　買いました。
　　　　　　　　　　　　りょう　　　　　　　　いました

⑤ あの人は　いつも　地みな　服を　きています。
　　　　　　　　　　みな

◆ 漢字を　書きましょう。

① いちばん　　　　　　　　　　② なんばん

③ こうばん　　こう　　　　　　④ とうばん

⑤ ちめい　　　　　　　　　　　⑥ ちじょう

⑦ ばんち　　　　　　　　　　　⑧ じみないろ　　　　みな

73

◆ 漢字を 読みましょう。

① 電話番号を おしえてください。

② 私の 部屋は 301号しつです。
　　　　　　　　　　　　さんぜろいち　　　しつ

③ まい月 読んでいるざっしの 11月号を 買いました。
　　まい　　　んで　　　じゅういち　　　いました

④ 東京の 人口は やく1,400万人です。
　　　　　　　　　　　せんよんひゃく

⑤ 京ひんエリアを かん光します。
　　　　ひん　　　かん

◆ 漢字を 書きましょう。

① でんわばんごう

② 101ごうしつ 　101　　　しつ

③ しんごう 　しん

④ ねんごう

⑤ ごうがい

⑥ とうきょう

74

ふくしゅう

1. 漢字を 読みましょう。

① テストで 一番が とれるように べんきょうします。　① _____

② 東京の 町を バスで かん光 します。　② _____

③ 明日 テストが あるので 年号を おぼえます。　③ _____

④ 7時に いつもの ば所で あいましょう。　④ ば_____

⑤ 家族は 主人と 私の 二人です。　⑤ _____

⑥ 黒川さんは 一人で アパートに 住んでいます。　⑥ _____んで___

⑦ お客様、こちらの セーターは いかがですか。　⑦ お_____

⑧ ちょっと 地みですね。ちがうデザインは ありますか。　⑧ _____み___

⑨ 私は 高い 所が あまり 好きじゃありません。　⑨ _____

⑩ ここからは 中の 様子が ぜんぜん わかりません。　⑩ _____

2. 漢字を 書きましょう。

① このかさの もちぬしが わかりますか。　① もち_____

② でんわばんごうを おしえてください。　② _____

③ 私の ちょうしょは 明るくて 元気な ところです。　③ _____

④ ワイン売り場は ちか 1かいです。　④ _____

⑤ 本屋で ざっしの 12がつごうを 買います。　⑤ 12_____

⑥ ここに 名前と じゅうしょを 書いてください。　⑥ _____

⑦ 私の しごとは おもに えいぎょうの サポートです。　⑦ _____に___

⑧ 今日の そうじとうばんは だれですか。　⑧ _____

⑨ おつかれさまでした。お先に しつれいします。　⑨ おつかれ_____

⑩ インターネットで ちめいを しらべます。　⑩ _____

3章
しょう
おくり物
もの
3 都道府県
とどうふけん

Gifts
寄送物品
Bưu phẩm
Prefectures
都道府県
Đơn vị tỉnh thành

いろいろな　所に　手紙や　荷物を　送ります。
ところ　　てがみ　　にもつ　　おく
送るときに　ひつような　ことばを　読んだり
おく　　　　　　　　　　　　　　　　　　よ
書いたり　できるようになりましょう。
か

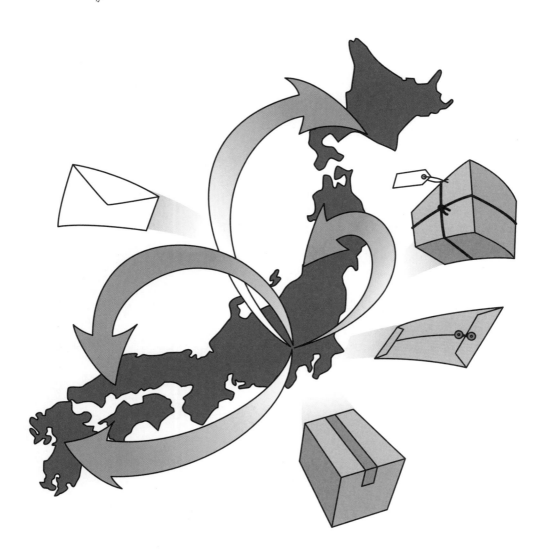

国 都 道 府 県 市 区 村

◆ 漢字を　読みましょう。

① あなたの　国の　ゆう名な　食べ物は　何ですか。
　　　　　　　　　　　　　　ゆう　　　な　　　べ

② 日本では　国ごの　じゅぎょうで　かん字を　べんきょうします。
　　　　　　　　　　　ご　　　　　　　　かん

③ この紙に、　名前、住所、国せきを　書いてください。
　　　　　　　　　　　　　　　　　　　せき　　　いて

④ 東京都は　日本の　しゅ都です。
　　　　　　　　　　　　しゅ

⑤ いつか　都かいで　生かつしたいです。
　　　　　　かい　　　　かつ

◆ 漢字を　書きましょう。

① がいこく

② きこく

③ きょうと

④ とない

⑤ とかい　　　　　　　　かい

⑥ 住めばみやこ

◆ 漢字を　読みましょう。

① 道を　あるくときは　車に　気をつけましょう。

② 家の前の　道で　たくさんの　子どもたちが　あそんでいます。

　　　　　　　　　　　　　　　　　どもたち

③ 私の　いとこは　北かい道に　住んでいます。

　　　　　　　　　　　　かい　　　　　んで

④ 大さか府は　西日本の　中しんです。

　　　　さか　　　　　　　　　　しん

⑤ 後ろに「府」が　つく所は　大さかと　京都です。

　　　　ろ　　　　　　　　　　　　さか

◆ 漢字を　書きましょう。

① みちをあるく

② どうろ　　　　　　　　ろ

③ ほっかいどう　　かい

④ どうぐ　　　　　　　　ぐ

⑤ おおさかふ　　さか

⑥ きょうとふ

◆ 漢字を　読みましょう。
かんじ　　　　よ

① 日本には　43の　県が　あります。
　　　　　　　　　　　　　　　　　　　　　　　　　

② 私は　山口県の　生まれです。
　　　　　　　　　　　　　　　　　　まれ

③ ひっこしたときは　市やく所に　行って　手つづきを　しなければなりません。
　　　　　　　　　　　　やく　　　　　って　　つづき

④ 日よう日に　新しい　市長を　きめるせんきょが　あります。
　　　よう　　　　　しい

⑤ 朝市に　行くと　新しい　やさいを　安く　買うことができます。
　　　　　　　く　　　しい　　　　く　　　う

◆ 漢字を　書きましょう。
かんじ　　　か

① やまぐちけん　　　　　　　　　　② あおもりけん　あお

③ いわてけん　　　　　　　　　　　④ いちば　　　　　　　　　　ば

⑤ しやくしょ　　やく　　　　　　　⑥ しない

⑦ いっといちどうにふよんじゅうさんけん

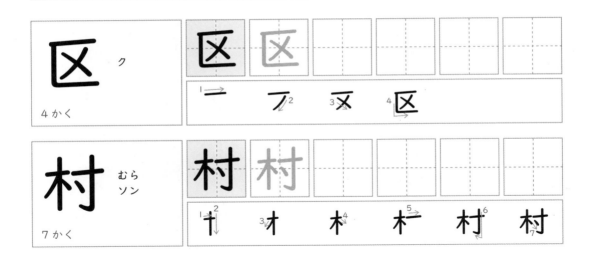

◆ 漢字を 読みましょう。

① 東京都には 23の 区が あります。

② 子どもたちは 区内の 学校に 行っています。
　　　どもたち　　　　　　　　　　って

③ この道を わたると となりの 区になります。

④ この村は 人も 車も 都かいに くらべて 少ないです。
　　　　　　　　　　　　　かい　　　　　ない

⑤ いくつかの 市町村を まとめて 新しい ひとつの 市が できました。
　　　　　　　　　　　　　　　　しい

◆ 漢字を 書きましょう。

① にじゅうさんく

② くちょう

③ くない

④ むら

⑤ そんちょう

⑥ しちょうそん

ふくしゅう

1. 漢字を　読みましょう。

① 東京は　外国から　たくさん　かん光客が　来ます。　　①

② ふゆ休みに　友だちと　北かい道へ　行きます。　　② 　　かい

③ このコンサートは　区内の　人だけ　むりょうです。　　③

④ 京都は　古い　お寺が　たくさん　あります。　　④

⑤ となりの　村へ　行くとき　バスで　2時間　かかります。　　⑤

⑥ 市場では　新しい　やさいや　魚を　安く　売っています。　　⑥

⑦ 日本の　しゅ都は　どこか　わかりますか。　　⑦ しゅ

⑧ あなたは　何県の　出しんですか。　　⑧

⑨ 市内を　かん光バスで　まわるツアーが　人気です。　　⑨

⑩ 府が　つく所は　大さかと　京都の　ふたつです。　　⑩

2. 漢字を　書きましょう。

① 日本では　車は　どうろの　左を　はしります。　　①　　　　ろ

② しやくしょの　となりの　公園は　とても　きれいです。　　②　やく

③ 朝8時の　ひ行きで　きこくします。　　③

④ 日本には　いっといちどうにふよんじゅうさんけんが　あります。　　④

⑤ 私の　むらには　コンビニが　ないので　ふ便です。　　⑤

⑥ とうきょうとの　人口は　やく1,400万人です。　　⑥

⑦ 新聞に　くちょうの　インタビューが　のっています。　　⑦

⑧ 一ど　とかいに　住んでみたいです。　　⑧　　　　かい

⑨ みちに　タバコや　ゴミを　すててはいけません。　　⑨

⑩ 住所へんこうは　しちょうそんの　やく所で　してください。　　⑩

1. 漢字を　読みましょう。
かんじ　　よ

① このえきに　急行の　電車は　とまりません。
　　　　　　　　　　　　でんしゃ

② りょうりが　できました。すぐ　お客様に　出してください。
　　　　　　　　　　　　　　　　　　　　お　　　　だ

③ メールを　送しんするときは　あいての　アドレスを　かくにんしましょう。
　　　　　　　しん

④ つくえの　上に　本を　たくさん　重ねて　おかないでください。
　　　　　　うえ　ほん　　　　　　ねて

⑤ 新かんせんも　ひ行きも　速いですが　りょう金が　高いです。
　　しん　　　　こう　　　い　　　　　きん　たか

⑥ 日本へ　来たら　ぜひ　京都を　かん光してください。
　　にほん　き　　　　　　　　　　こう

⑦ 私が　住んでいるアパートは　学校から　5分の　所にあります。
　わたし　す　　　　　　　　　　がっこう　ふん

⑧ 速たつで　出したら　明日の　夕方までに　とどきます。
　　たつ　　だ　　　　あした　ゆうがた

⑨ 国へ　帰る　友人を　くうこうまで　見送りに　行きました。
　くに　かえ　ゆうじん　　　　　　　　　　り

⑩ すず木さんの　ご主人は　有名な　かいしゃの　しゃ長です。
　　き　　　　　ご　　　　ゆうめい　　　　　　ちょう

2. 漢字を　書きましょう。
かんじ　　か

① ちょうしょ　　　　　　　　　　② きこく

③ けいしょく　　　　　　　　　　④ そうべつかい　　　べつかい

⑤ ちこく　　　　　　　　　こく　⑥ じそく

⑦ ようす　　　　　　　　　　　　⑧ ごうがい

⑨ とない　　　　　　　　　　　　⑩ あさいち

3. ぶんを　読んで　漢字を　読んだり　書いたりしましょう。

　　日本の　①にもつを　②おくるサービスは　じゅうじつしています。
この前　学校の　じゅぎょうで　③宅はい便の　人に　インタビューして　いろい
ろな　ことが　わかりました。

　　日本の　宅はい便は　たとえば　明日までに④いそいで　送りたいとき、
おねがいした時間に　⑤遅れることは　ありません。荷物が　うけとれなくても
⑥きたくしてから　電話すれば　夜⑦おそい　時間でも　もう一ど　とどけてくれ
ます。とても　うれしい　サービスですね。

　　道の　もんだいが　なければ　⑧すんでいる⑨区内や　⑩市内は　だいたい
つぎの　日に　とどきます。⑪北かい道や　おきなわなど　遠い　⑫ところは　少し
時間が　かかります。

　　荷物を　送るときは　あて先を　きちんと　書かなければなりません。
宅はい便の　人は　⑬じゅうしょは　⑭ばんちだけでなく　マンションや　アパー
トの　名前と　部屋が　⑮何号しつまで　きちんと　書いてほしいと　言ってい
ました。⑯急な　れんらくを　したいときも　あるので　⑰でんわばんごうも　わ
すれずに　書いてほしいと　言っていました。

　　いろいろな　話が　聞けて　べんきょうになりました。宅はい便の　人は　みん
な　⑱おもい　荷物も　⑲軽く　はこんでいました。これが　私が　⑳いちばん
おどろいたことです。

①		②	る	③	はい	④	いで
⑤	れる	⑥		⑦	い	⑧	んで
⑨		⑩		⑪	かい	⑫	
⑬		⑭		⑮	しつ	⑯	な
⑰		⑱	い	⑲	く	⑳	

クイズ

1. 手紙の あて先を 書きましょう。
てがみ　　　　　さき　　　　か

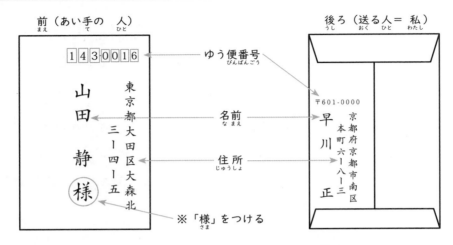

前（あい手の 人）
まえ　　て　　ひと

後ろ（送る人＝私）
うし　おく ひと わたし

ゆう便番号
びんばんごう

名前
なまえ

住所
じゅうしょ

※「様」をつける
さま

1 4 3 0 0 1 6

東京都 大田区 大森北 三－四－五

山田 静 様

〒601-0000

京都府京都市南区 本町 六－八－三

早川 正

≪前≫
まえ

① あい手の 人の 名前は 紙の まん中に 大きく 書きます。
て　　ひと　なまえ　かみ　　なか　おお　　か

② 送り先の 住所は 少し 小さい 字で 名前と 同じくらい
おく さき じゅうしょ すこ ちい　　じ　なまえ おな
　の 高さから 書きます。
たか　　　か

③ マンションや アパートの 名前と 部屋番号も 書きます。
なまえ　へ やばんごう　か

≪後ろ≫
うし

送る人の 名前と 住所は
おく ひと　なまえ じゅうしょ

小さい 字で 書きます。
ちい　　じ　か

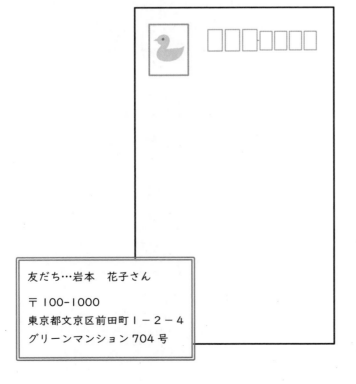

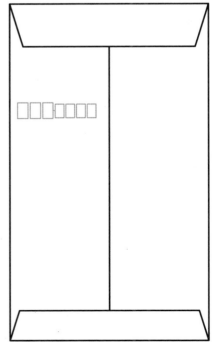

友だち…岩本 花子さん

〒 100-1000
東京都文京区前田町1－2－4
グリーンマンション704号

2. □の中には　どんな　漢字が　入りますか。えらんで
書きましょう。

（れい）重い ⇔ 軽い

| 国 | 速 | 地 | 長 | 国 | 軽 | 所 | 地 |

① □内 ⇔ □外
② □い ⇔ 遅い
③ □上 ⇔ □下
④ □所 ⇔ 短□

3. やくそくの　時間に　遅れました。漢字を
入れて　りゆうを　せつ明しましょう。

所	道
遅	送
急	重
速

（れい）ごめんなさい。（ 急 ）な　ようじで…。

① 電車が　（　　　）れてしまって…。
② 待ちあわせの　ば（　　　）が　わからなくて…。
③ 遅れるって、メールを（　　　）ったんだけど…。
④ 部長に（　　　）ような　しごと　たのまれてしまって…。
⑤ タクシーに　のったら（　　　）が　こんでて…。

4. 宅はいピザを　ちゅうもんします。□の中に　漢字を　入れましょう。

店：はい。いつも　ありがとうございます。ピザハウス、しんじゅく店です。
客：ちゅうもんを　おねがいします。
店：はい。では、まず　お①□□の　お電話②□□を　おねがいします。
客：03-1234-9876 です。
店：お名前は？
客：緑川です。
店：緑川③□ですね。では、ごちゅうもんを　おねがいします。
客：シーフードピザを　一まいと　ミックスピザを　一まい、おねがいします。
店：かしこまりました。では　ご④□を　おねがいします。
客：目黒⑤□品山町　3ちょう目、25⑥□の　1号です。
　　朝日マンションの　402 号しつです。
店：はい、わかりました。それでは、今から　30分い内に　とどけます。
　　もし⑦□れたら　サービスけんを　プレゼントします。ありがとうございました。

デートは　どんなところに　行きますか。
映画を　見たり　ゆう園地に　行ったり…
えいが　　み　　　　　えんち　　　い
公園を　さんぽするのも　いいですね。
こうえん

毎 週 映 画 館 公 園

◆ 漢字を 読みましょう。

① きょ年から 毎日 日きを つけています。

    きょ   き

② 毎年 そ母の たんじょう日に 家族で おいわいを します。

          そ   たんじょう

③ 毎週 金よう日に テストが あります。

             よう

④ かの女と 1週間ぶりに あいました。

    かの   いっ

⑤ 今どの 週まつ 友だちと 買い物に 行きます。

        ど   まつ   だち   い   きます

◆ 漢字を 書きましょう。

① まいにち   ② まいとし

③ まいかい   かい   ④ まいしゅう

⑤ しゅうきゅう   ⑥ にしゅうかん

⑦ しゅうまつ   まつ   ⑧ らいしゅう

◆ 漢字を 読みましょう。

① テレビに 友だちが 映って びっくりしました。

       だち   って

② スクリーンに しゃしんを 映します。

       します

③ きのう はじめて こい人と 映画を 見に 行きました。

   こい   きました

④ ゆう名な 画家の えを かざります。

   ゆう   な

⑤ 来週の りょ行の けい画を 立てました。

      りょ   けい   てました

◆ 漢字を 書きましょう。

① テレビにうつる   る   ② すがたをうつす   す

③ えいが   ④ がか

⑤ パソコンのがめん   めん   ⑥ まんが   まん

⑦ かくすう   すう   ⑧ けいかく   けい

館　カン
16 かく　　　　＊

◆ 漢字を　読みましょう。
　かんじ　　　よ

① えきの　近くに　大きい　映画館が　できました。
　　　　　　　　く　　　　きい

② 明日の　午前中に　大使館へ　行くつもりです。
　　　　　　　　　　　　　　　　　　く

③ この洋館は　100 年前に　たてられました。
　　　　　　　　ひゃく

◆ 漢字を　書きましょう。
　かんじ　　　か

① りょかん　りょ　　　　　　② えいがかん

③ たいしかん　　　　　　　　④ はくぶつかん　はく

⑤ びじゅつかん　びじゅつ

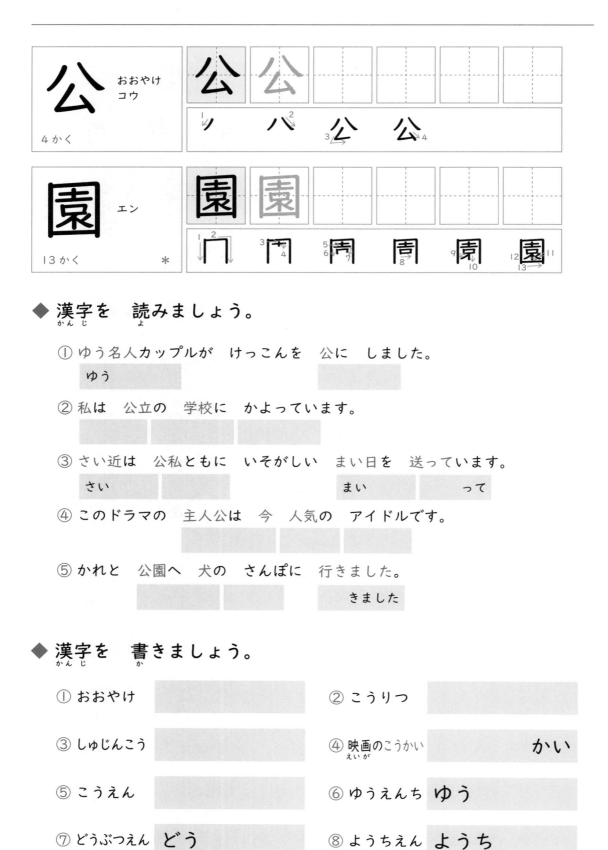

◆ 漢字を 読みましょう。

① ゆう名人カップルが けっこんを 公に しました。

ゆう　　　　　　　　　　　　　　　　　　　　　　　　　　　　　　

② 私は 公立の 学校に かよっています。

③ さい近は 公私ともに いそがしい まい日を 送っています。

さい　　　　　　　　　　　　　　　　　　　　まい　　　　　　　　　って

④ このドラマの 主人公は 今 人気の アイドルです。

⑤ かれと 公園へ 犬の さんぽに 行きました。

きました

◆ 漢字を 書きましょう。

① おおやけ

② こうりつ

③ しゅじんこう

④ 映画のこうかい　　　　　　　　　　かい

⑤ こうえん

⑥ ゆうえんち　ゆう

⑦ どうぶつえん　どう

⑧ ようちえん　ようち

ふくしゅう

1. 漢字を　読みましょう。

① かの女と　今どの　りょ行の　けい画を　立てました。 | ① けい
② 女ゆうの　Ａさんは　年れいを　公に　していません。 | ②
③ スライドに　グラフを　映して　せつ明します。 | ③　　　　　　して
④ この　おもしろい　まん画は　中田くんが　かきました。 | ④ まん
⑤ かの女と　ゆう園地へ　あそびに　行きました。 | ⑤ ゆう
⑥ 部長は　公私ともに　いそがしい　人です。 | ⑥
⑦ このドラマを　毎かい　たのしみに　しています。 | ⑦　　　　　　かい
⑧ 明日の　午前中に　大使館へ　行くつもりです。 | ⑧
⑨ しけんまで　あと　２週間しか　ありません。 | ⑨ に
⑩ 子どもと　どう物園へ　行く　やくそくを　しました。 | ⑩ どう

2. 漢字を　書きま　しょう。

① ふじ山が　みずうみに　きれいに　うつっています。 | ①　　　　　　って
② まいとし　ふゆに　そ父が　りんごを　送ってくれます。 | ②
③ 休みの日　はれていたら　こうえんで　本を　読みます。 | ③
④ 私の　かいしゃは　しゅうきゅうふつかで　日よう日と　水よう日が　休みです。 | ④
⑤ はこねへ　行って　古い　りょかんに　とまりました。 | ⑤ りょ
⑥ 子どもを　ようちえんまで　むかえに　行きます。 | ⑥ ようち
⑦ しょう来は　がかになりたいです。 | ⑦
⑧ しゅうまつは　かの女と　どこかへ　出かけたいです。 | ⑧　　　　　　まつ
⑨ まいにち　家に　帰ってから　２時間　べんきょうします。 | ⑨
⑩ かれと　話だいの　えいがを　見に　行きました。 | ⑩

91

4章
しょう スケジュール 2 けっこんきねん日
び

Schedules
日程
Lịch trình
Wedding Anniversary
结婚纪念日
Kỷ niệm ngày cưới

けっこんきねん日は　特べつな　日です。
　　　　　　び　　　とく　　　　　ひ
思い出の　レストランで　食じが　できたら　すてきですね。
おも　で　　　　　　　　　しょく

夫 妻 特 思 料 理 有

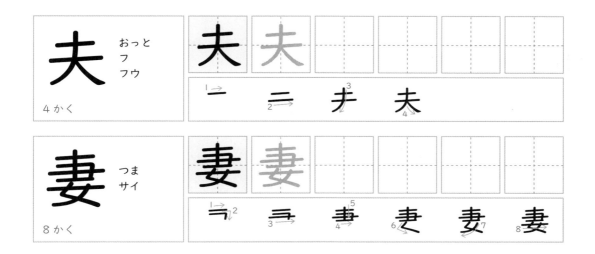

◆ 漢字を　読みましょう。

① 5年前に　夫と　出あいました。
　　　ご　　　　　　　あいました

② けっこんしきに　部長ご夫妻を　しょうたいしました。
　　　　　　　　　　　　ご

③ 休みの日は　夫ふで　りょうりを　します。
　　　　みの　　　　　ふ

④ けっこんきねん日に　妻に　ゆびわを　プレゼントしました。
　　けっこんきねん

⑤ さとうさんは　かいしゃでは　ゆう名な　あい妻家です。
　　　　　　　　　　　　　ゆう　　な　あい

◆ 漢字を　書きましょう。

① おっと

② たなかふさい

③ ふうふ　　　　　　　　ふ

④ しゃ長ふじん
　　　　ちょう

⑤ つま

⑥ さいし

⑦ あいさいか　あい

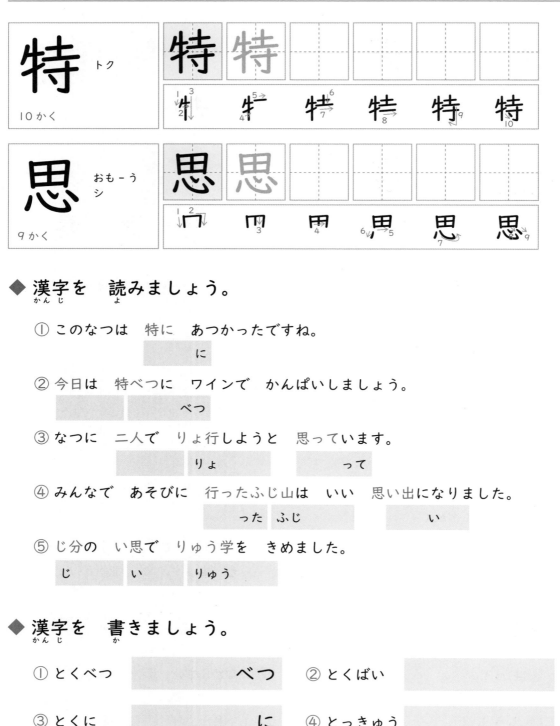

| 特 トク 10かく | 特 特 |
| 思 おも－う シ 9かく | 思 思 |

◆ 漢字を 読みましょう。

① このなつは　特に　あつかったですね。
　　　　　　　　　に

② 今日は　特べつに　ワインで　かんぱいしましょう。
　　　　　　　　べつ

③ なつに　二人で　りょ行しようと　思っています。
　　　　　　　　りょ　　　　　　　って

④ みんなで　あそびに　行ったふじ山は　いい　思い出になりました。
　　　　　　　　　った　ふじ　　　　　い

⑤ じ分の　い思で　りゅう学を　きめました。
　　じ　　　い　　りゅう

◆ 漢字を 書きましょう。

① とくべつ　　　　べつ　　② とくばい

③ とくに　　　　　に　　　④ とっきゅう

⑤ おもう　　　　　う　　　⑥ おもい　　　　い

⑦ おもいで　　　い　　　　⑧ ししゅんき　　しゅんき

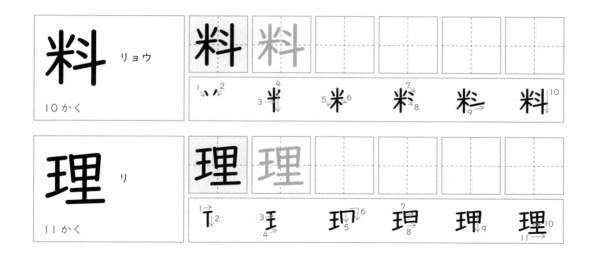

◆ 漢字を　読みましょう。
かんじ　　よ

① 料金は　先に　はらってください。
　　　　　　　　　　　　　に

② スーパーで　食料を　買います。
　　　　　　　　　　　　　　　　　います

③ アルバイトで　はじめて　きゅう料を　もらいました。
　　　　　　　　　　　　　きゅう

④ 妻の　料理は　どれも　おいしいです。

⑤ 私は　理けいの　大学に　入りたいです。
　　　　　　　けい　　　　　　　　　　　りたい

◆ 漢字を　書きましょう。
かんじ　　か

① りょうきん　　　　　　　　　② しょくりょう

③ むりょう　　む　　　　　　　④ しりょう　　し

⑤ りょうり　　　　　　　　　　⑥ りゆう　　　　　　ゆう

⑦ ぶつり　　　　　　　　　　　⑧ りけい　　　　　　けい

有 ユウ
6かく　　＊

◆ 漢字を　読みましょう。

① 有名な　レストランで　かの女に　プロポーズしました。
　　　　　　な　　　　　　　かの

② このじけんの　有力な　じょうほうを　さがしています。
　　　　　　　　　な

③ 有料の　ちゅう車場ですが　ここに　とめましょう。
　　　　　　　ちゅう

◆ 漢字を　書きましょう。

① ゆうりょう　　　　　　　　② ゆうめいじん

③ ゆうりょく　　　　　　　　④ ゆうり

96

ふくしゅう

1. 漢字を 読みましょう。

① 週まつは 夫と 二人で テニスを します。
しゅう ふたり

② きのう 田中夫妻に お子さんが 生まれました。
たなか こ う

③ 今年の ふゆは 特べつに さむいです。
ことし

④ さとうさんは あい妻家です。

⑤ 今年は おんせんに 行こうと 思っています。
ことし い

⑥ じ分の い思で 日本へ りゅう学しました。
ぶん にほん がく

⑦ 特急電車に のれば 東京まで 20分です。
とうきょう ぶん

⑧ ここは む料で お茶を サービスしてくれます。
ちゃ

⑨ じけんの 有力な しょうこが 見つかりました。
み

⑩ 私は 理けいの 大学を そつぎょうしました。
わたし だいがく

①	
②	
③	べつに
④ あい	
⑤	って
⑥ い	
⑦	
⑧ む	
⑨	な
⑩	けい

2. 漢字を 書きましょう。

① はじめての きゅうりょうを もらいました。

② おとなりの ごふうふは いつも なかが いいです。

③ 前川くんは 学校で 一番の ゆうめいじんです。
まえかわ がっこう いちばん

④ 学生のときは ぶつりが とくいでした。
がくせい

⑤ バスりょうきんは 前ばらいで 二百円です。
まえ にひゃくえん

⑥ このきょくを 聞くと いつも かれを おもいだします。
き

⑦ ともだちが 国の りょうりを つくってくれました。
くに

⑧ しぶやは とくに わかものが 多い 町です。
おお まち

⑨ つまの たん生日に 花を あげました。
じょうび はな

⑩ しゅしょうふじんは むかし 女ゆうでした。
じょ

① きゅう		
② ご		ふ
③		
④		
⑤		
⑥	い	します
⑦		
⑧		に
⑨		
⑩		

3 しごと

あなたは　どんな　しごとに　きょうみが　ありますか。

じ分や　家族の　しごとについて　聞いたり　話したり
　ぶん　か　ぞく　　　　　　　　　　き　　　　　　　　はな

できるように　なりましょう。

会 社 働 作 工 場 始 終

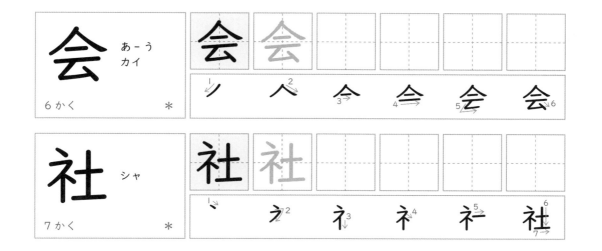

◆ 漢字を　読みましょう。

① 休みの日に　友だちと　会って　映画に　行きました。
　　　　みの　　　　　だち　　って　　　　　　きました
② アイドルの　ファンクラブに　入会しました。

③ 日本人の　友だちが　できて　会話が　上手になりました。
　　　　　　　　　　だち　　　　　　　　　　　　に
④ 私の　父は　ぼうえき会社の　社長です。
　　　　　　　　　　　ぼうえき
⑤ 大学を　そつぎょうして　社会人になりました。

◆ 漢字を　書きましょう。

① 友だちにあう　　　　　　　う　　② にゅうかい

③ かいわ　　　　　　　　　　　　　④ スポーツたいかい

⑤ かいしゃ　　　　　　　　　　　　⑥ にゅうしゃしき　　　　しき

⑦ ほんしゃ　　　　　　　　　　　　⑧ じんじゃ　　じん

| 働 はたら-く ドウ | 働 | 働 | | | | |
| 13 かく | | | | | | |

| 作 つく-る サク サ | 作 | 作 | | | | |
| 7 かく | | | | | | |

◆ 漢字を　読みましょう。

① 山田さんは　働きながら　大学に　かよっています。
　　　　　さん　　　　き

② ろう働時間は　ほうりつで　きまっています。
　　　ろう

③ もらった　いちごで　ジャムを　作りました。
　　　　　　　　　　　　　　りました

④ この小せつは　ゆう名な　作家が　書きました。
　　　　　せつ　ゆう　　な　　　　　きました

⑤ てん気が　わるくて　作物が　育ちません。
　　てん　　　　　　　　　　　　ちません

◆ 漢字を　書きましょう。

① はたらく　　　　　　　　く　　② ろうどう　ろう

③ ケーキをつくる　　　　　る　　④ さくしゃ　　　　しゃ

⑤ めいさく　　　　　　　　　　　⑥ さっか

⑦ さぎょう　　　　　ぎょう　　　⑧ さくひん

◆ 漢字を　読みましょう。
かんじ　　よ

① 私の　弟は　工学部の　学生です。

② このスキー場は　人工の　ゆきを　使っています。
　　　スキー　　　　　　　　　　　　　　って

③ 友だちと　ビール工場へ　見学に　行きました。
　　　だち　ビール　　　　　　　　　きました

④ 公の　場では　マナーに　気をつけましょう。

⑤ このレストランの　パスタは　本場イタリアと　おなじ　あじです。

◆ 漢字を　書きましょう。
かんじ　　か

① じんこうのいけ　　　　　　　　② こうがくぶ

③ こうじ　　　　　　　　　じ　　④ ひろば

⑤ こうじょう　　　　　　　　　　⑥ しゅつじょう

⑦ コンサートかいじょう

始 はじ－まる はじ－める シ 8かく

終 お－わる お－える シュウ 11かく

◆ 漢字を 読みましょう。

① じゅぎょうは 9時に 始まります。
　　　　　く　　　　まります

② 先生に 年始の あいさつをしました。

③ 始ぎょうしきは 学校の 体育館で 行います。
　　　　ぎょうしき　　　　　　　　　　　　　　　　　　います

④ しゅくだいが 終わってから ゲームをします。
　　　　　　　　わって

⑤ 友だちと おさけを 飲んで 終電に のり遅れました。
　　　　だち　　　　　んで　　　　　　　　のり　　れました

◆ 漢字を 書きましょう。

① パーティーがはじまる　　まる　　② べんきょうをはじめる　　める

③ しぎょうしき　ぎょうしき　　④ ねんし

⑤ しごとがおわる　　わる　　⑥ 食じをおえる　　える
　　　　　　　　　　　　　　　　　しょく

⑦ しゅうりょう　　りょう　　⑧ しゅうじつ

102

ふくしゅう

1. 漢字を　読みましょう。

① 年始に　家族で　ハワイへ　行く　よていです。

① _____

② 社長の　インタビューが　新聞に　出ました。

② _____

③ 国へ　帰って　むかしの　友だちと　会いました。

③ _____いました

④ びょういんは　終日　きんえんです。

④ _____

⑤ 好きな　ミステリー作家に　サインを　もらいました。

⑤ _____

⑥ この店では　本場の　フランス料理が　食べられます。

⑥ _____

⑦ うんどう会で　100メートルそうに　出場しました。

⑦ _____

⑧ バーゲン会場に　たくさんの　人が　います。

⑧ _____

⑨ ここで　とれる　おもな　作物は　米です。

⑨ _____

⑩ 家の前の　道は　今　工じ中なので　とおれません。

⑩ ____じ____

2. 漢字を　書きましょう。

① 父は　車の　こうじょうで　働いています。

① _____

② 日本人の　友だちと　かいわを　れんしゅうします。

② _____

③ さぎょうちゅうは　この部屋に　入らないでください。

③ ____ぎょう____

④ まい日　9時から　6時まで　はたらいています。

④ _____いて

⑤ えき前の　ひろばで　イベントを　行いました。

⑤ _____

⑥ この小せつは　みんなが　しっている　めいさくです。

⑥ _____

⑦ かぜで　かいしゃを　休みました。

⑦ _____

⑧ 3年前に　日本語の　べんきょうを　はじめました。

⑧ _____めました

⑨ しごとが　おわったら　カラオケへ　行きましょう。

⑨ _____わったら

⑩ こい人の　たん生日に　ケーキを　つくりました。

⑩ _____りました

アチーブメントテスト

1. 漢字を 読みましょう。

① 夫は やさしくて おもしろい 人です。
<small>ひと</small>

② こわれやすいので 作品に さわらないでください。

③ つぎの 特急電車に のりましょう。

④ 今日の 夜 ようじが あることを 思い出しました。
<small>きょう</small> <small>よる</small>　　　　　　　　　　　　　　い　しました

⑤ せん門学校で 西洋料理を 学びました。
<small>もんがっこう</small>　　　　　　　　　　<small>まな</small>

⑥ 友だちが あそびに 来るので 国の りょうりを 作りました。
<small>とも</small>　　　　　　<small>く</small>　　　<small>くに</small>　　　　　　　　　りました

⑦ くうこうで 有名人を 見ました。かっこよかったです。
　　　　　　　　　　<small>み</small>

⑧ 映画は 5時に 始まります。はやく 行きましょう。
<small>えいが</small>　　<small>じ</small>　　　まります　　　　　<small>い</small>

⑨ しょう来は ともだちと ぼうえき会社を 作りたいです。
<small>らい</small>　　　　　　　ぼうえき　　　　　<small>つく</small>

⑩ 1か月の 水道料金は だいたい三千円です。
<small>げつ</small>　<small>すいどう</small>　　　　　　<small>さんぜんえん</small>

2. 漢字を 書きましょう。

① まいとし

② しゅうきゅう

③ さっか

④ けいかく　けい

⑤ たいしかん

⑥ ふうふ　　　　　　　　ふ

⑦ こうりつ

⑧ おわる　　　　　　　　わる

⑨ ようちえん　ようち

⑩ こうじょう

3. ぶんを　読んで　漢字を　読んだり　書いたりしましょう。

　私は　40さいの　①会社いんです。　家族は　②妻と　むすこが　います。そして　毛が　長くて　白い　犬を　かっています。

　妻は　③はたらいていますが　④まいにち　私と　むすこに　おいしい⑤りょうりを　⑥つくってくれます。むすこは　小学一年生で　学校から　帰ると　いつも　犬と　⑦公園で　あそんでいます。

　⑧せんしゅうの　土よう日は　私と　妻の　けっこんきねん日でした。むすこと　犬を　私の　親に　あずけて　妻と　デートを　しました。まず　私が　見たいと　⑨思っていた　⑩えいがを　見ました。大きい　⑪画めんで　見る　アクションえいがは　とても　おもしろかったです。それから　妻の　好きな　⑫がかの　⑬かい画てんを　見に　⑭びじゅつかんへ　行きました。

　そのあと　デパートへ　買い物に　行きました。むすこの　洋服を　見ましたが　⑮とくに　気に　入ったものが　なかったので　買いませんでした。かわりに　むすこの　おみやげに　『⑯名作日本むかし話』を　買いました。

　夕はんは　ビルの　50かいに　ある　⑰ゆうめいな　レストランで　食じを　しました。ここは　私が　妻に　プロポーズした場所です。この日は　⑱特べつコースを　ちゅうもんしました。ひさしぶりに　⑲夫ふで　食じをしました。りょうりも　おいしくて　けしきも　きれいでした。⑳おもいでに　のこる1日でした。

①	いん	②		③	いて	④	
⑤		⑥	って	⑦		⑧	
⑨	って	⑩		⑪	めん	⑫	
⑬ かい	てん	⑭ びじゅつ		⑮	に	⑯	
⑰	な	⑱	べつ	⑲	ふ	⑳	い

4章 クイズ

1. これは　何ですか。もんだいを　読んで　こたえを　漢字で
書きましょう。

> れい：ここは　いろいろな　のり物で　あそぶことができます。　　れい：ゆう園地

> ① ビールを　作ったり　車を　作ったりします。　　[　　　]

> ② ここで　さんぽを　したり　スポーツを　したりできます。　　[　　　]

> ③ この人の　しごとは　えを　かくことです。　　[　　　]

> ④ 大きい　がめんで　見ます。
> ラブストーリーやミステリー、アクションなどが　あります。　　[　　　]

> ⑤ 朝昼晩　作ります。フランス、イタリア、日本など
> いろいろあります。　　[　　　]

> ⑥ この人は　物語の　中しんになる人です。　　[　　　]

2. □ に入る漢字を　下から　えらんで　書きましょう。

店いん：はい、レストラン　ジョルダーノです。

男の人：もしもし。せきの　よやくを　おねがいします。

店いん：かしこまりました。いつが　いいですか。

男の人：11月 5日　① [　] よう日の　② [　] 7時から　おねがいします。

店いん：③ [　] 名 [　] ですか。

男の人：二名です。この日は　④ [　] と　私の　けっこんきねん日なんです。

　　　　おいわいを　したいんですが　コース⑤ [　] 理　が　ありますか。

店いん：はい。⑥ [　] まつの　⑦ [　] べつコースは　いかがですか。

男の人：いいですね。そのコースで　おねがいします。

店いん：かしこまりました。

何	料	様	週	土	特	夜	妻

106

3. ①〜⑧の　ことばの　読み方を　書きましょう。

magazine 12月号
（がつごう）

①特しゅう　今、ちゅうもくの②会社　**ARC**
（いま）

デートや　けっこんきねん日の　思い出に
（び）　　（おも）（て）
二人の　ミニえいがを　③作っています。
（ふたり）

1986年に　すず木④夫妻が　ドレスの　⑤工場を　スタート。
（ねん）　　　（き）
2017年に　プロデュースの　会社を　⑥始めて
（ねん）　　　　　　　（かいしゃ）
その後　⑦有名になった。
（ご）
今　⑧働いている　スタッフは　50人。
（いま）　　　　　　　　　　　　（にん）

①	しゅう
②	
③	って
④	
⑤	
⑥	めて
⑦	に
⑧	いて

4. ①〜④の　ぶんの中に　まちがえている漢字が　あります。
（なか）　　　　　　　（かんじ）
まちがえている漢字に　○を　つけて　（　　　）の中に
（かんじ）　　　　　　　　　　　　　　　（なか）
ただしい　漢字を　書きましょう。
（かんじ）（か）

インタビュー　〜　いつもの　デート　どうしていますか？　〜

① ▶ドライブが　好きなので
周まつは　かならず　車に
乗って　出かけます。
（26さい／女せい）

② ▶いっしょに　昼ごはんを　食べて
町を　さんぽしたり　晩画を
見たりします。
（33さい／男せい）

③ ▶近所の　エ園で　よく　イベントを
やっています。この間は
タイまつりでした。いろいろな
タイ料利を　たのしみました。
（30さい／女せい）

④ ▶びじゅつ飲で　好きな　えを
見たり　カフェで　お茶を
飲んだりします。
（23さい／女せい）

①（　　　）②（　　　）③（　　　）（　　　）④（　　　）

1. 漢字を 読みましょう。

① 来月　友だちが　けっこんするので　パーティーを　けい画しました。
らいげつ　とも　　　　　　　　　　　　　　　　　　　　　　　けい

② きれいな　水玉もようの　シャツが　マリさんに　よく　あっています。
　　　　　もよう

③ 6月の　はじめの　はれた　日に　衣がえを　します。
　がつ　　　　　　　　ひ　　がえ

④ 田中さんは　早口で　何を　言っているか　わかりません。
　たなか　　　　　　なに　い

⑤ 休日は　よく　犬を　つれて　公園を　さんぽしています。
　きゅうじつ　　　いぬ

⑥ 近所の　本屋で　女せいに　人気の　作家の　サイン会が　ありました。
　きんじょ　ほんや　じょ　にんき　　　　　かい

⑦ 住所が　かわったので　友だちに　メールで　れんらくしました。
　　　　　　　　　　　とも

⑧ わたしは　ベランダで　いろいろな　やさいを　育てています。
　　　　　　　　　　　　　　　　　　　てて

⑨ 古い　洋服を　リサイクルショップで　売ったら　五千円になりました。
　ふる　　　　　　　　　　　　　　　　う　　　ごせんえん

⑩ 終電に　のれなかったので　あるいて　家まで　帰りました。
　　　　　　　　　　　　　　　　いえ　かえ

2. 漢字を 書きましょう。

① しんせつ　　　　　　　　　　② おくじょう

③ にもつ　　　　　　　　　　　④ ごご

⑤ ゆうめい　　　　　　　　　　⑥ けいと

⑦ えいが　　　　　　　　　　　⑧ おきゃくさま

⑨ ぎんこう　　　　　　　　　　⑩ きょうだい

3. ぶんを　読んで　漢字を　読んだり　書いたりしましょう。

---

①家族りょ行
こう

　少し　②まえに　③姉が　けっこんして　家を　出ました。姉とは　④まいにち
メールや　チャットを　していますが、なかなか　⑤会うことができなくて　さびしいで
す。それで　⑥せんしゅう　姉⑦夫ふと　父母と　私で　家族りょ行を　しました。
行き先は　私たち⑧姉妹が　大好きな　⑨きょうとを　えらびました。
　ホテルは　駅から　⑩ちかくて　⑪かん光に　⑫便利でした。私たちが　とまった
⑬へやは　⑭広くて　⑮しずかで　⑯りょうりも　とても　おいしかったです。
　つぎの日の　⑰あさ　ホテルの　⑱売店で　たくさん　おみやげを　買いました。
⑲みじかい　りょ行でしたが　いい　⑳思い出になりました。

①	②	③	④
⑤　　　　う	⑥	⑦　　　　ふ	⑧
⑨	⑩　　　くて	⑪ かん	⑫
⑬	⑭　　　くて	⑮　　　か	⑯
⑰	⑱	⑲　　　い	⑳　　　い

通学や　通きんで　電車を　使っていますか。
つうがく　　つう　　　　でんしゃ　　つか

駅や　電車の　ことばが　わかれば　今より　もっと　いろい
えき　でんしゃ　　　　　　　　　　いま

ろな　所に　行けるようになります。
ところ　い

駅 鉄 乗 降 開 閉 発 着

駅 エキ	駅 駅
14 かく	

鉄 テツ	鉄 鉄
13 かく	

◆ 漢字を　読みましょう。

① 私の　家は　駅から　あるいて　15分くらいの　所に　あります。
　　　　　　　　　　　　　　　　　　　じゅうご

② 7時に　駅の　西口に　あるカフェで　会いましょう。
　　しち　　　　　　　　　　　　　　　　　いましょう

③ 地下鉄の　駅の　ホームで　友だちに　会いました。
　　　　　　　　　　　　　　　　　　　　　　いました

④ たくさんの　鉄道ファンが　新しい　駅を　見学に　来ました。
　　　　　　　　　　　　　　　　しい　　　　　　　　　　　　ました

⑤ 毎朝　鉄分の　多い　食品を　食べるように　しています。
　　　　　　　　　　　　　い　　　　　　　べる

◆ 漢字を　書きましょう。

① えき

② えきいん　　　　　　いん

③ えきちょう

④ ふたつめのえき　　　つ　　　の

⑤ てつ

⑥ ちかてつ

⑦ てつどう

⑧ てつぶん

◆ 漢字を 読みましょう。

① ねぼうして いつも 乗る電車に 乗り遅れてしまいました。
　　　　　　　　　　　　　　る　　　　　　　　り　れて

② 車に 子どもを 乗せるときは チャイルドシートが いります。
　　　　　　　　　　　ども　　せる

③ 乗車されるお客様、 足元に お気を つけください。
　　　　　　　　　　お

④ バスを 降りて 右へ まがると 駅が あります。
　　　　　　　りて

⑤ ６月は 雨が たくさん 降ります。
　　ろく　　　　　　　　　ります

◆ 漢字を 書きましょう。

① タクシーにのる　　　　　　る　　② 荷物をのせる　　　　　　せる

③ タクシーのりば　　　　り　　④ じょうきゃく

⑤ 電車をおりる　　　　　　りる　　⑥ 荷物をおろす　　　　　　ろす

⑦ 雨がふる　　　　　　　　る　　⑧ こうすいりょう　　　　りょう

◆ 漢字を　読みましょう。
かんじ　　よ

① わたしは　しょう来　夫と　きっさ店を　開きたいです。
　　　　　　　しょう　　　　　きっさ　　　　　　き

② あついですね。　まどを　少し　開けてもいいですか。
　　　　　　　　　　　　　　し　　　けて

③ さくらの　開花は　だいたい　3月から　4月ぐらいです。
　　　　　　　　　　　　　　　さん　　　し

④ 雨が　降ってきたので　そこの　まどを　閉めてくれませんか。
　　　　　　　って　　　　　　　　めて

⑤ ドアが　閉まります。　荷物や　体が　はさまれないよう　お気を　つけください。
　　　　　まります

◆ 漢字を　書きましょう。
かんじ　　か

① ドアがあく　　　　　　　く　　② 店をひらく　　　　　　　く
　　　　　　　　　　　　　　　　　　みせ

③ ドアのかいへい　　　　　　　　④ かいえん

⑤ 映画のこうかい　　　　　　　　⑥ かいじょう時間
　　えいが　　　　　　　　　　　　　　　　　じかん

⑦ 本をとじる　　　　　じる　　　⑧ へいてんセール
　　ほん

発 ハツ	発	発				
9かく ＊	⁷ᶦ ʔⁱᴵ	⋌	⅐	⅔	発	発

着 き‐る つ‐く チャク	着	着				
12かく ＊	⅛	⅛	⅛	着	着	着

◆ 漢字を　読みましょう。

① 始発の　新かんせんに　乗って　京都へ　行きました。

| | | かんせん | | って | | | きました | |

② いなくなった子ねこが　6日ぶりに　発見されました。

| | ねこ | むい | | |

③ 出発の　2時間前に　チェックインを　すませてください。

| | に | |

④ 駅に　着いたら　電話してください。むかえに　行きます。

| | いたら | | きます |

⑤ ゆきが　降って　とう着が　3時間も　遅れました。

| って | とう | さん | | れました |

◆ 漢字を　書きましょう。

① はつめい　　　　　　　　② かいはつ

③ はつおん　　　　　　　　④ はっしゃ

⑤ シャツをきる　　　　る　⑥ きもの

⑦ ちゃくち　　　　　　　　⑧ いっちゃく

●特べつなことば… 上着　下着
とく　　　　　　うわ ぎ　した ぎ

ふくしゅう

1. 漢字を　読みましょう。

① 明日　始発の　電車に　乗るので　今日は　早く　ねます。　① _____

② 雨が　降ったら　バーベキューは　えんきです。　② _____ ったら

③ 日本に　いる間に　着物を　買いたいです。　③ _____

④ 閉店セールの　お店で　たくさん　買い物を　しました。　④ _____

⑤ 駅に　着いたら　電話を　ください。むかえに　行きます。　⑤ _____ いたら

⑥ きょうか書の　53ページを　開いてください。　⑥ _____ いて

⑦ すみません。タクシー乗り場は　どこですか。　⑦ ____ り

⑧ ちょっと　さむいので　まどを　閉めてくれませんか。　⑧ _____ めて

⑨ デパートで　新しい　上着を　買いました。　⑨ _____

⑩ 私は　毎日　地下鉄で　学校に　行きます。　⑩ _____

2. 漢字を　書きましょう。

① あの白い　セーターを　きている人は　だれですか。　① _____ て

② えきまえの　カフェで　友だちと　会います。　② _____

③ 電車が　とうちゃくします。後ろに　下がってください。　③ とう _____

④ テストを　始めます。本を　とじてください。　④ _____ じて

⑤ 3日間　まいごだった犬が　今日　はっけんされました。　⑤ _____

⑥ あついですね。まどを　少し　あけてもいいですか。　⑥ _____ けて

⑦ バスを　おりるときは　ボタンを　おしてください。　⑦ _____ りる

⑧ じこが　ありましたが　じょうきゃくは　みんな　ぶじでした。　⑧ _____

⑨ どう物園の　かいえん時間は　10時です。　⑨ _____

⑩ みなさん　あつまりましたね。では、しゅっぱつしましょう。　⑩ _____

町の中に　ある交さてんは　車や　人、じてん車などが
まち なか　　　　　こう　　　　　　くるま　　ひと　　　　　　しゃ
たくさん　通ります。
　　　　　とお
交さてんでは　しん号を　よく　見て　安ぜんに　わたりましょう。
こう　　　　　　　ごう　　　　　み　　　あん

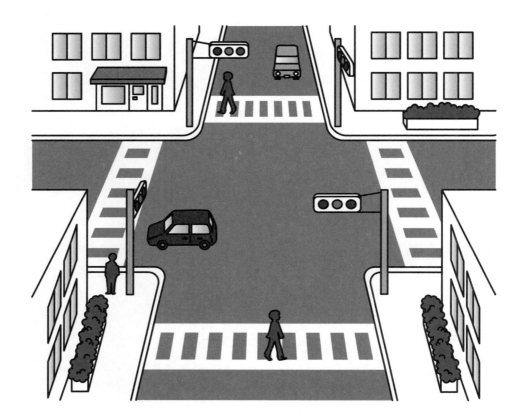

交 通 台 止 色 赤 黄 青

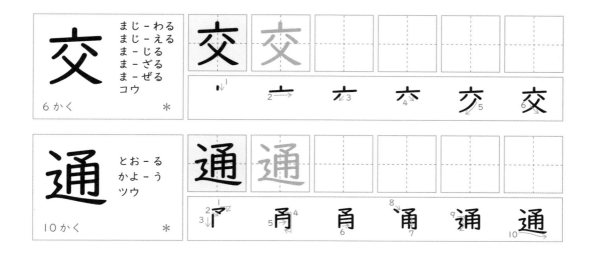

◆ 漢字を 読みましょう。

① 社長の スピーチは ユーモアを 交えていて とても おもしろかったです。
　　　　　　　　　　　　　　　　　　　　えて

② A4の 紙の中に 一まいだけ B5が 交ざっていました。
　　　　　　　　　　　　　　まい　　　ざって

③ 竹中先生は 子どもたちに 交じって あそんでいます。
　　　　　　　　　　　どもたち　じって

④ 毎日 30分 あるいて 学校に 通っています。
　　　　　　さんじっ　　　　　　　　って

⑤ 私が 住んでいる町は 交通が とても 便利で 住みやすいです。
　　　　　んで　　　　　　　　　　　　　　み

◆ 漢字を 書きましょう。

① 道がまじわる　　わる　② トランプをまぜる　ぜる

③ こうさてん　　さてん　④ こうりゅう　　りゅう

⑤ 車がとおる　　　る　⑥ おおどおり　　　り

⑦ つうきん・つうがく　きん・　⑧ いっぽうつうこう

117

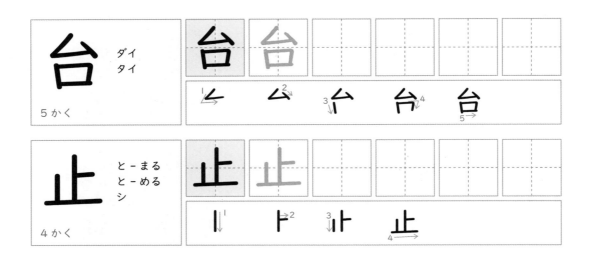

台 ダイ タイ 5かく	台	台				
	↙↙	ム²	³↙ム	台 ⁴台 ₅→		

止 と-まる と-める シ 4かく	止	止				
	↓¹ ├²	³↓止	止 ₄→			

◆ 漢字を　読みましょう。

① 台所で　母が　朝食を　作っています。

　　　　　　　　　　　　　　　　　って

② 妹は　足が　速く　100メートルを　12びょう台で　はしりました。

　　　　　　　　　　　く

③ 駅前に　タクシーが　何台も　止まっています。

　　　　　　　　　　　　　　まって

④ 地しんで　電気・水道・ガスの　すべてが　止まってしまいました。

　　　しん　　　　　　　　　　　　　　まって

⑤ もし　雨が　降ったら　明日の　キャンプは　中止です。

　　　　　　　ったら

◆ 漢字を　書きましょう。

① バスがさんだい

② だいどころ

③ トラックのにだい

④ たかだい

⑤ たいふう　　　　　ふう

⑥ 急にとまる　　　　　まる
　きゅう

⑦ 車をとめる　　　　　める
　くるま

⑧ きんし　　　きん

色　いろ　ショク　6かく　＊

赤　あかーい　あか　セキ　7かく　＊

◆ 漢字を　読みましょう。

① かお色が　あまり　よくないですね。

　　かお

② 私は　明るい　色の　洋服を　よく　着ます。

　　　　　　　　るい　　　　　　　　　　　ます

③ 二十四色セットの　えのぐを　もらいました。

④ 赤い　セーターを　着ているのは　だれですか。

　　　　　　い　　　　　　　て

⑤ しん号が　赤のときは　かならず　止まってください。

　　しん　　　　　　　　　　　　まって

◆ 漢字を　書きましょう。

① なないろ

② いろがみ

③ とくしょく

④ あかい花 い
　　　　　はな

⑤ あかペン ペン

⑥ あかしんごう しん

⑦ せきどう

⑧ せきはん はん

◆ 漢字を　読みましょう。

① 黄色の　かさは　雨が　降っても　目立ちます。

② タンポポは　黄色くて　かわいい　花です。

③ 青い　そらに　白い　くもが　うかんでいます。

④ しん号が　青になったら　わたりましょう。

⑤ 一人の　青年が　電車で　お年よりに　せきを　ゆずりました。

◆ 漢字を　書きましょう。

① きいろ

② おうごん

③ らんおう　　らん

④ あおいうみ　　　　　い

⑤ あおしんごう　　しん

⑥ あおぞら　　　　ぞら

⑦ せいねん

⑧ せいしゅん　　しゅん

ふくしゅう

1. 漢字を　読みましょう。

① この道は　一方通行です。 ①

② 赤道に　近い　くには　あついです。 ②

③ 先生は　じょうだんを　交えた話が　上手です。 ③　　　えた

④ 台所で　食じの　じゅんびを　します。 ④

⑤ サッカーの　しあいは　雨天のため　中止になりました。 ⑤

⑥ 三こ分の　らん黄を　ボールに　入れてください。 ⑥　らん

⑦ この道は　車が　たくさん　通るので　気をつけてください。 ⑦　　　　る

⑧ かお色が　あまり　よくないですね。だいじょうぶですか。 ⑧　かお

⑨ 交さてんでは　左右を　よく　見て　わたってください。 ⑨　　　さてん

⑩ 一人の　青年が　日本への　りゅう学を　きめました。 ⑩

2. 漢字を　書きましょう。

① 私は　東京に　ある大学に　かよっています。 ①　　　って

② きいろい　かさは　雨の日も　はっきり　わかります。 ②　　　い

③ 今年は　日本に　来るたいふうが　多いですね。 ③　　　ふう

④ し料の中に　メモが　まざっていましたよ。 ④　　　ざって

⑤ 今日は　よく　はれて　そらが　とても　あおいです。 ⑤　　　い

⑥ 国が　ちがうと　こうつうルールも　ちがいます。 ⑥

⑦ 今　人気の　ちゃいろい　ブーツを　買おうと　思います。 ⑦　　　い

⑧ 家の　前に　見たことがない車が　とまっています。 ⑧　　　まって

⑨ 毎日　つうがくの　電車で　本を　読みます。 ⑨

⑩ おおどおりに　出たら　右に　まがってください。 ⑩　　　り

5章
しょう
町
まち
3 病院
びょういん

Towns
城镇
Thành phố
Hospitals
医院
Bệnh viện

かぜの　ときや　けがを　したとき　病院へ　行きます。
病院の　ことばを　おぼえたら　安心して　行けますね。
びょういん　　　　　　　　　　　　　　あんしん　　　　い

受付

病 院 医 科 薬 待 合 計

◆ 漢字を　読みましょう。

① 病気にならないように　いつも　食べ物に　気を　つけています。

② 近所の　病院へ　行ったら　しんさつ時間が　午前だけでした。

③ 1週間　入院しましたが　明日　たい院できることになりました。

④ 大学を　そつぎょうしたら　大学院に　行きたいと　思っています。

⑤ 姉は　毎月　びよう院に　行きます。

◆ 漢字を　書きましょう。

① びょうき

② びょういん

③ にゅういん

④ たいいん　たい

⑤ いんちょう

⑥ つういん

⑦ だいがくいんせい

⑧ じいん

123

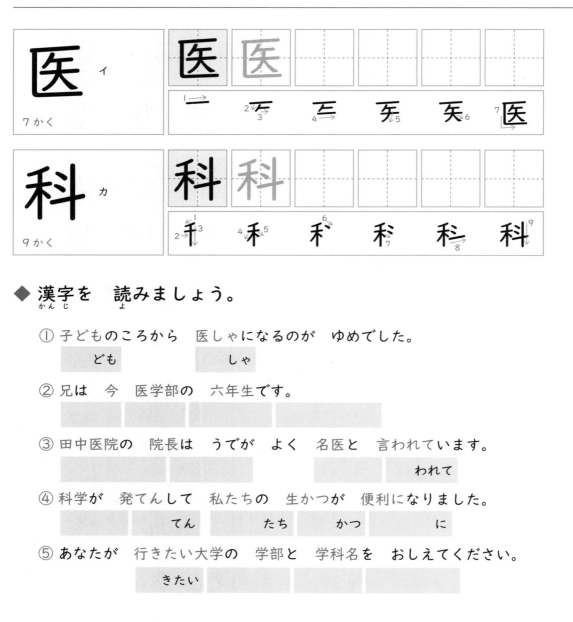

医 イ	医	医				
7 かく	一 乞 乞 乞 乞 医					

科 カ	科	科				
9 かく	千 禾 禾 科 科 科					

◆ 漢字を　読みましょう。

① 子どものころから　医しゃになるのが　ゆめでした。
　　　　　ども　　　　　　　しゃ

② 兄は　今　医学部の　六年生です。

③ 田中医院の　院長は　うでが　よく　名医と　言われています。
　　　　　　　　　　　　　　　　　　　　　　　　　　　　われて

④ 科学が　発てんして　私たちの　生かつが　便利になりました。
　　　　　　　てん　　　　　たち　　かつ　　　　　　に

⑤ あなたが　行きたい大学の　学部と　学科名を　おしえてください。
　　　　きたい

◆ 漢字を　書きましょう。

① いしゃ　　　　　　　しゃ　　② いがく

③ かもく　　　　　　　　　　　④ りか

⑤ かがく　　　　　　　　　　　⑥ がっか

⑦ ないか　　　　　　　　　　　⑧ げか

薬 くすり ヤク 16かく

待 ま－つ タイ 9かく

◆ 漢字を 読みましょう。
かんじ　よ

① 食後に この薬を 飲んでください。
　　　　　　　　　　　　　んで

② 朝から のどが いたかったので 急いで かぜ薬を 飲みました。
　　　　　　　　　　　　　　　　　いで かぜ　　　　　みました

③ 1時間も 待っているのに かれが 来ません。
　　いち　　　　　って　　　　　　　ません

④ 人気の あるレストランに 入るのに 3時間も 待ちました。
　　　　　　　　　　　　　　　　る さん　　　　　ちました

⑤ 今日の テストは いい けっかが き待できます。
　　　　　　　　　　　　　　　　　き

◆ 漢字を 書きましょう。
かんじ　か

① くすりを飲む
　　　　の

② かぜぐすり　かぜ

③ やっきょく　　　きょく

④ ずつうやく　ずつう

⑤ めぐすり

⑥ バスをまつ　　　　　　つ

⑦ まちじかん　ち

⑧ きたい　き

125

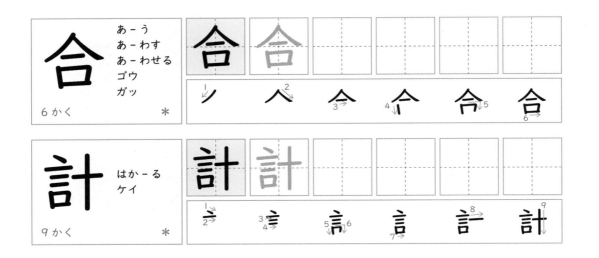

◆ 漢字を 読みましょう。
よ

① 私と 上田さんは はじめて 会ったときから 気が 合いました。
　　[　　　] [　　　] 　　　　　　[　った] 　　[　　] [　いました]

② クラスみんなで 力を 合わせて がんばりましょう。
　　　　　　[　　] [　わせて]

③ 明日は 10時に 駅の 東口に しゅう合してください。
　　　　　[　じゅう] 　　　　　　　　[　しゅう]

④ テストは 30分間です。今から 時間を 計ります。では、始めてください。
　　　　[さんじっ] 　　　　　　　[　ります] [　めて]

⑤ 休みに 家族と りょ行に 行く計画を 立てます。
　　　[み] 　　[りょ] 　　[く] 　　　　[てます]

◆ 漢字を 書きましょう。
かん　か

① がっしょう [　　しょう]　② こたえあわせ [こたえ　わせ]

③ ごうかく [　　かく]　④ まちあいしつ [　ち　いしつ]

⑤ かいけい [　　　]　⑥ ごうけい [　　　]

⑦ けいさん [　　さん]　⑧ とけい [　　　]

126

ふくしゅう

1. 漢字を 読みましょう。

① 音がくに 合わせて 体を うごかします。　① 　　　　　　わせて

② 私の 兄は 今 医学部の 四年生です。　②

③ 友だちと りょ行の 計画を 立てました。　③

④ 病気のとき 友だちが スープを 作ってくれました。　④

⑤ 1週間に 6科目の じゅぎょうを とっています。　⑤ ろっ

⑥ すみません。会計を おねがいします。　⑥

⑦ のどが いたいので 薬きょくで のどあめを 買いました。　⑦ 　　　　　　きょく

⑧ 私は 大学院に 行こうと 思って 日本へ 来ました。　⑧

⑨ 50メートルを 何秒で はしるか タイムを 計ります。　⑨ 　　　　　　ります

⑩ 今日の テストは いい けっかが き待できます。　⑩ き

2. 漢字を 書きましょう。

① あたまが いたいので くすりを 買いに 行きました。　①

② 山下さんと 広川さんは 気があう 友だちです。　② 　　　　　　う

③ 子どものころから いしゃになるのが ゆめでした。　③ 　　　　　　しゃ

④ けがを したので げかに 行きました。　④

⑤ ごうけいで 三万二千円です。　⑤

⑥ 友だちの お見まいに びょういんへ 行きます。　⑥

⑦ あのとけいは こわれています。　⑦

⑧ 2時間 まちましたが れんらくが ないので 帰りました。　⑧ 　　　　　　ちました

⑨ どうして このがっかを えらびましたか。　⑨

⑩ みなさん、しゅくだいの こたえあわせを しましょう。　⑩ こたえ　　　わせ

1. 漢字を 読みましょう。
かんじ よ

① こちらは じ動ドアではありません。手で 開けてください。
どう て けて

② ぐあいが わるいですか。かお色が よくないですよ。
かお

③ 駅いんに デパートに 近い 出口を 聞きました。
いん ちか でぐち き

④ 名前が よばれるまで こちらで しばらく お待ちください。
な まえ ち

⑤ 3番せんの 電車に 乗ってください。
ばん でんしゃ って

⑥ 台ふうが 近づいています。今日は 外に 出ないでください。
ふう ちか きょう そと て

⑦ 私の プリントの中に あなたのが 交ざっていました。
わたし なか ざって

⑧ 電車を 降りるときは 足元に 気をつけてください。
でんしゃ りる あしもと き

⑨ 入院している友だちの お見まいに 行きます。
とも み い

⑩ 外の 音が うるさいので まどを 閉めてもいいですか。
そと おと めて

2. 漢字を 書きましょう。
かんじ か

① じょうしゃ

② ごうけい

③ かいえん

④ かぜぐすり かぜ

⑤ 学校につく く
がっこう

⑥ けいかく

⑦ こうりゅう りゅう

⑧ かもく

⑨ あかいはな い

⑩ せいねん

3. ぶんを　読んで　漢字を　読んだり　書いたりしましょう。

　　私が　住んでいる所は　新しい町です。前は　山や　森でしたが　①開発されて　町になりました。

　　町の　人の　②こうつうの　しゅだんは　③ちかてつです。ちかてつは　何本も④通っています。町には　⑤えきが　たくさん　あります。どのえきにも　近くにタクシーや　バスの　⑥乗り場が　作られているので　とても　便利です。

　　ちかてつの　⑦乗客は　通きん、⑧つうがくの　人が　ほとんどです。家の　近くの　えきは　急行も　⑨止まるし　⑩始発の　電車も　あります。終てんの　えきなので　電車が　えきに　⑪着いて　ドアが　⑫あくと　人が　たくさん　⑬降りてきます。

　　町の　中しんには　⑭大通りが　あります。デパートや　銀行、⑮びょういんやコンビニなど　町の　人に　ひつような　ものが　だいたい　あります。大通りの木は　あきになると　はっぱが　赤や　⑯きいろになって　とても　きれいです。⑰交さてんには　大きな　⑱とけいだいが　あります。町の　シンボルで　よく⑲まちあわせに　使われています。

　　さい近　とけいだいの　近くに　新しい　レストランが　できました。いつも⑳かいてんの　前から　たくさんの　人が　ならんでいます。今　町で　一番　人気の　スポットです。

①	②	③	④　　　　　って
⑤	⑥　　り	⑦	⑧
⑨　　　まる	⑩	⑪　　　　　いて	⑫　　　　　く
⑬　　　りて	⑭　　　　　り	⑮	⑯
⑰　　　さてん	⑱	⑲　　ち　わせ	⑳

5章 クイズ

1. 何色ですか。色の 漢字を 書きましょう。

（れい）はれたそら／うみ　→　青

① りんご／ポスト／ワイン　→　▢　　② バナナ／ひまわり／レモン　→　▢

③ くも／ゆき／しお　→　▢　　④ コーヒー／土／チョコレート　→　▢

⑤ 森／日本茶／竹　→　▢　　⑥ しまうま　→　▢・▢

⑦ しんごう　→　▢・▢・▢

2. あなたは 今 病院の うけつけで 話しています。漢字の読み方を 書きましょう。

あのう、2～3日前から
おなかがいたいんです。

では、内科へ どうぞ。
①（　　　　）

すみません。はじめて
こちらの 病院に 来たんですが…。
②（　　　　）

では、こちらの
待ち合いしつで 少し
③（　ち　　いしつ）
お待ちください。

本日の しんさつの 会計は 千五百円です。
④（　　　　）
薬の うけとりは あちらの 薬きょくです。
⑤（　　　）　　　⑥（　きょく）

はい、
わかりました。

130

3. 駅いんの　アナウンスの　ことばを　漢字で　書きましょう。

名古屋行きの　新かんせんが　ホームに　入ります。

「お□□ちの　お客□□は　ホームの□□がわに　お□□がりください。」
　①　　　　　　②　　　　　③　　　　　　④

２番せんを　急行電車が　通ります。

「今どの　２番せんの　電車は　この□□には□□まりません。」
　　　　　　　　　　　　　　　　⑤　　　⑥

電車の　ドアが　開きます。

「お□□りになる　お客□□は　足□□に　お□□を　つけください。」
　⑦　　　　　　　⑧　　　　⑨　　　⑩

１番せんの　電車は　もうすぐ　出発します。

「ドアが□□まります。あぶないですから、かけこみ□□車は　おやめください。」
　　　　⑪　　　　　　　　　　　　　　　　⑫

| 閉 | 待 | 内 | 駅 | 様 | 止 | 乗 | 下 | 降 | 元 | 様 | 気 |

4. 町の　あん内です。漢字を　かんせいさせましょう。

～ 白山町の　ごあん内 ～

東京□尺□から　乗りかえなしで　たったの40分（□刍□行）！！
　　①　　　　　　　　　　　　　　　　　②

□录□が　多くて　□争□かです。□亻□むのに　とても　いい□斤□です。
③　　　　　　④　　　　　⑤　　　　　　　　　　⑥

1900年に　作られた　□日□十□厶□が　町の　シンボルです。
　　　　　　　　　　⑦　⑧　⑨

町の　中しんにある　白山□八□袁□は　町で　一□采□古く、
　　　　　　　　　　　⑩　⑪　　　　　⑫

１年中　いろいろな　花が　見られることで　有名です。

町から　車で　10分のところに　赤山が　あります。

山の上から　見る町の　けしきは　とても　すばらしいですよ。

ご□家□矢□みなさんで　ぜひ　あそびに　来てください。お□亻□ちしています！
　⑬　⑭　　　　　　　　　　　　　　　　　　⑮

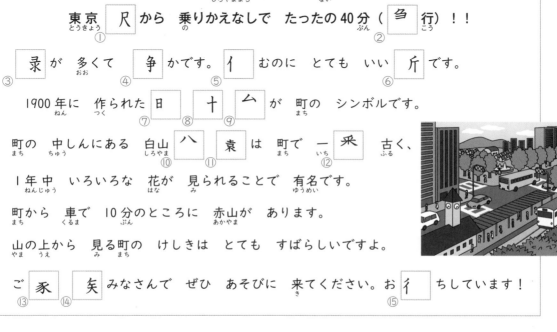

1 研究
けんきゅう

Students
学生
Sinh viên
Study
研究
Nghiên cứu

大学や　大学院では　じ分の　きょうみの　あることについて
だいがく　　だいがくいん　　　　　ぶん

学んだり　研究したりできます。
まな　　　けんきゅう

語学や　文学、心理学、化学など　いろいろ　あります。
ごがく　　ぶんがく　しんりがく　かがく

研 究 語 文 英 化 数 心

◆ 漢字を 読みましょう。

① 入社してから 社いん研しゅうを うけました。
　　　　　　　　　　いん　　しゅう

② 大学院では 薬の 開発の 研究を したいです。

③ 大学院の 研究科の せつ明会に さんかしました。
　　　　　　　　　　　　せつ

④ 兄は 毎晩 遅くまで 研究しつで じっけんしています。
　　　　　　　　　　　く　　　　しつ

⑤ なつ休みの じゆう研究で 川に すむ生き物を しらべました。
　なつ　　み　じゆう　　　　　　　　き

◆ 漢字を 書きましょう。

① けんしゅう　　　　しゅう　　② けんきゅう

③ けんきゅうしゃ　　　しゃ　　④ けんきゅうかい

⑤ けんきゅうじょ　　　　　　　⑥ けんきゅうはっぴょう　　ぴょう

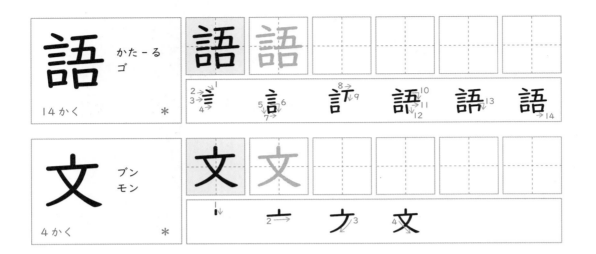

◆ 漢字を 読みましょう。

① ケンさんが サッカーの おもしろさを 語ってくれました。

って

② 半年前から 日本語の べんきょうを 始めました。

めました

③ 大学の 文学部に 入りたいです。

りたい

④ 「しょう来」を テーマに 作文を 書きました。

しょう　　　　　　　　　　　　　　　　きました

⑤ すみません。ちゅう文してもいいですか。

ちゅう

◆ 漢字を 書きましょう。

① ゆめをかたる　　　　　　　　　　る　　② ごがく

③ にほんご　　　　　　　　　　　④ イタリアご　イタリア

⑤ たんご　　たん　　　　　　　　⑥ ぶんしょう　　　　　　　しょう

⑦ ぼご　　　　　　　　　　　　　⑧ ちゅうもん　ちゅう

●特べつなことば… 物語　文字
　とく　　　　　　　　ものがたり　もじ

134

◆ 漢字を　読みましょう。

① カンさんは　母語の　ほかに　英語と　フランス語が　話せます。

｜　　　　　｜　　　　　｜　　　　　｜フランス｜　　　　｜せます｜

② 英国とは　イギリスのことです。

｜　　　　　｜

③ 理科の中でも　特に　化学が　好きです。

｜　　　　｜　　　　｜　　　に｜　　　　｜き｜

④ 私は　日本の　文化に　きょうみが　あります。

｜　　　　｜　　　　｜　　　　｜

⑤ デパートの　化しょう品売り場で　口べにを　買いました。

｜しょう｜　　り｜　べに｜いました｜

◆ 漢字を　書きましょう。

① えいご　　｜　　　　　　　｜　　② えいゆう　｜　　　　ゆう｜

③ ぶんか　　｜　　　　　　　｜　　④ かがく　　｜　　　　　　　｜

⑤ かせき　　｜　　　　　　　｜　　⑥ へんか　　｜へん　　　　｜

⑦ けしょう　｜　　　　しょう｜　　⑧ けしょうひん　｜　　しょう｜

◆ 漢字を　読みましょう。

① バスに　乗っている学生の　人数を　数えます。

　　　　　　　　って　　　　　　　　　　　　　　　　　えます

② 学生のときから　数学が　にが手でした。

　　　　　　　　　　　　　　　　　　　　にが

③ 母から　心の　こもったプレゼントを　もらいました。

④ 私は　元気なので　心ぱいしないでください。

　　　　　　　　　　　　　　　　　ぱい

⑤ 心理学に　きょうみが　あります。

◆ 漢字を　書きましょう。

① かず　　　　　　　　　　　　② かぞえる　　　　　　　　　える

③ すうがく　　　　　　　　　　④ すうじ

⑤ すうにん　　　　　　　　　　⑥ こころ

⑦ あんしん　　　　　　　　　　⑧ ちゅうしん

ふくしゅう

1. 漢字を　読みましょう。

① 元気な　声を　聞いて　安心しました。　　①
② ノートに　たん語を　書いて　おぼえます。　　② たん
③ アルバイトで　研しゅうを　うけました。　　③ 　　しゅう
④ 高校時代　化学が　にが手でした。　　④
⑤ 「家族」を　テーマに　作文を　書きました。　　⑤
⑥ 山田くんが　みんなに　じ分の　ゆめを　語っています。　　⑥ 　　って
⑦ ここに　あるボールの　数を　かぞえてください。　　⑦
⑧ 私の　かの女は　化しょうに　30分も　かかります。　　⑧ 　　しょう
⑨ なやみごとを　そうだんして　心が　すっきりしました。　　⑨
⑩ なつ休みの　しゅくだいで　じゆう研究を　やりました。　　⑩ じゆう

2. 漢字を　書きましょう。

① 林さんは　すうがくが　一番　とくいです。　　①
② にほんごの　べんきょうは　むずかしいです。　　②
③ テストまで　あと　何日か　かぞえます。　　③ 　　えます
④ 東京は　日本の　せいじの　ちゅうしんです。　　④
⑤ 私の　高校は　ぶんけいと　理けいに　分かれています。　　⑤ 　　けい
⑥ 私の　兄は　けんきゅうじょに　つとめています。　　⑥
⑦ 日本の　ぶんかを　学びに　来ました。　　⑦
⑧ レストランで　カレーライスを　ちゅうもんしました。　　⑧ ちゅう
⑨ すみません。私は　えいごが　ぜんぜん　わかりません。　　⑨
⑩ 大学で　しんりがくの　じっけんを　しました。　　⑩

6章 _{しょう} ｜ 学生 _{がくせい} 2コミュニケーション

Students
学生
Sinh viên
Communication
交流
Giao tiếp

学生は　学校や　サークル、合コン（合同コンパ）など、
いろいろな　コミュニケーションの　チャンスが　あります。
グループで　集まって　お酒を　飲んだり、カラオケで　歌っ
たりします。友だちが　ふえて　楽しいです。

| 若 | 集 | 知 | 酒 | 歌 | 声 | 楽 |

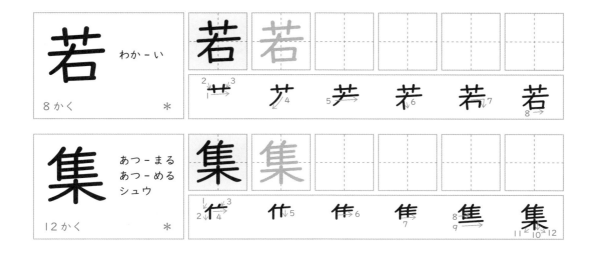

◆ 漢字を 読みましょう。

① 上田さんは わたしより 三つ 若いです。
　　　　　さん　　　　　　　つ　　　　い

② 電車で 若ものが お年よりに せきを ゆずりました。
　　　　　　　　　もの　お　　　より

③ ゼミの メンバーで 集まって 勉強会を しました。
　　　　　　　　　　　まって

④ 私は Tシャツを 集めるのが しゅみです。
　　　　　　　　　　　　める

⑤ 明日は 朝8時に 集合してください。
　　　　　　　　　はち

◆ 漢字を 書きましょう。

① わかい　　　　　　　　い　　　② わかもの　　　　　　もの

③ 人があつまる　　　　まる　　　④ 切手をあつめる　　　める
　　ひと　　　　　　　　　　　　　　　きって

⑤ しゅうごう　　　　　　　　　　⑥ しゅうちゅう

⑦ ぶんしゅう　　　　　　　　　　⑧ ぼしゅう　　ぼ

◆ 漢字を 読みましょう。

① 私の 親友は 日本語の ことばを たくさん 知って います。
　　　　　　　　　　　　　　　　　　　　　　　って

② 大学から 合かくの 通知が とどきました。
　　　　　　　　かく

③ 大学の 飲み会で はじめて お酒を 飲みました。
　　　　　　み　　お　　　みました

④ うちの 近くの 酒屋で ビールを 1ダース 買います。
　　　　く　　　　　　　　　　　　　　います

⑤ お酒の 中で 日本酒が 一番 好きです。
　お　　　　　　　　　　　　　　　き

◆ 漢字を 書きましょう。

① しりあう 　　り　　う　　② ちしき 　　　しき

③ ちじん 　　　　　　　　　④ つうち

⑤ おさけ 　お　　　　　　　⑥ いざかや 　い

⑦ にほんしゅ 　　　　　　　⑧ いんしゅうんてん 　　うんてん

140

◆ 漢字を　読みましょう。

① ピアノに　合わせて　歌を　歌います。
　　　　　　　わせて　　　　　います

② 友だちと　カラオケに　行って　たくさん　歌いました。
　　だち　　　　　　　　って　　　　　　　いました

③ 子どものとき　歌手になるのが　ゆめでした。
　　ども

④ となりの　部屋から　たのしそうな　わらい声が　聞こえます。
　　　　　　　　　　　　　　　わらい　　　　こえます

⑤ 木村さんは　声りょうが　あって　歌が　上手です。
　　　　　さん　　りょう

◆ 漢字を　書きましょう。

① うたをうたう　　を　　う　　② はなうた　　はな

③ かしゅ　　　　　　　　　　　④ こうか

⑤ 大きなこえ　　　　　　　　　⑥ はなしごえ　　　し

⑦ なきごえ　　なき　　　　　　⑧ おんせい

141

楽　たの－しむ
　　たの－しい
　　ラク
　　ガク

13かく

◆ 漢字を　読みましょう。

① 明日からの　りょ行を　楽しんできてください。
　　　　　　　　　　りょ　　　　　しんで

② 合コンは　楽しいコミュニケーションの　方ほうです。
　　　コン　　　しい　　　　　　　　　　　ほう

③ 今日の　しごとは　とても　楽でした。

④ 夜　ねる前に　音楽を　聞きます。
　　　　　　　　　　　　　　　　きます

⑤ 今年から　何か　楽きを　始めたいと　思っています。
　　　　　　　　　か　　　き　　　めたい　　　って

◆ 漢字を　書きましょう。

① たのしい　　　　　しい　　　② らくなしごと　　　　な

③ らくしょう　　　　しょう　　　④ がっき　　　　　　　き

⑤ おんがく　　　　　　　　　　⑥ せいがく

⑦ ようがく

ふくしゅう

1. 漢字を 読みましょう。

① 合コンで 田中さんと 知り合いました。　① 　　り　　いました

② カラオケに 行って みんなで 歌いました。　② 　　　　　いました

③ マイクの 音声を チェックします。　③

④ 大学から 合かくの 通知が とどきました。　④

⑤ このい酒屋は 若ものに 人気が あります。　⑤ 　　　　　もの

⑥ 飲酒うんてんは ぜったいに やめてください。　⑥ 　　　うんてん

⑦ 私の 夫は 音楽かんけいの しごとを しています。　⑦

⑧ けんじさんは 声が とても 大きいです。　⑧

⑨ この歌手の CDは ぜんぶ 持っています。　⑨

⑩ 妹は いろいろな 人ぎょうを 集めています。　⑩ 　　　　　めて

2. 漢字を 書きましょう。

① 私は おさけが あまり 飲めません。　① お

② コンサート会場に だんだん 人が あつまってきました。　② 　　　　　まって

③ こうかを 聞いて 母校を 思い出しました。　③

④ カラオケで みんなで いっしょに うたいました。　④ 　　　　　いました

⑤ 1時間 しゅうちゅうして べんきょうしました。　⑤

⑥ 今日の サークルの パーティーは とても たのしかったです。　⑥ 　　　しかった

⑦ 青山さんという人を しっていますか。　⑦ 　　　　　って

⑧ 私のほうが かれより 3さい わかいです。　⑧ 　　　　　い

⑨ となりの 部屋から わらいごえが 聞こえます。　⑨ わらい

⑩ 前田くんは けいざい学の ちしきが あります。　⑩ 　　　　　しき

6章 学生 3 ラーメン屋

Students
学生
Sinh viên
Ramen Shops
拉面店
Cửa hàng mỳ Ramen

ラーメン屋へ　よく　行きますか。
ラーメン屋は　安くて　りょうが　多いので　学生に　人気が
あります。
めんは　細いのや　太いのが　あります。
味も　しおや　しょう油、とんこつなど　いろいろ　あります。

| 味 | 油 | 太 | 細 | 皿 | 飯 | 麦 |

◆ 漢字を 読みましょう。

① スープの 味が うすいですね。ちょう味料を 足しましょう。

② 料理を するときは かならず 味見を します。

③ ことばの い味を じ書で しらべます。

④ 新せんな 魚を ぜひ 味わってください。

⑤ あつくなったフライパンに 油を ひきます。

◆ 漢字を 書きましょう。

① スープのあじ

② あじみ

③ ちょうみりょう　ちょう

④ いみ　い

⑤ ごまあぶら　ごま

⑥ せきゆストーブ

⑦ しょうゆ・ラーゆ　しょう　・ラー

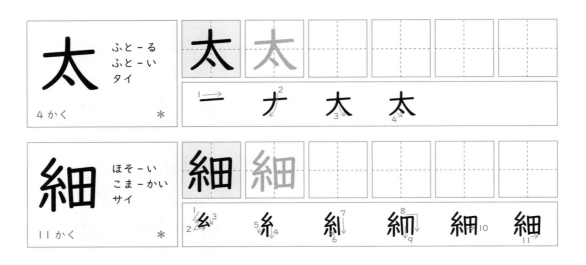

太 ふとーる ふとーい タイ 4かく ＊

一⃗ ナ 大 太

細 ほそーい こまーかい サイ 11かく ＊

幺 糸 紆 細 細 細

◆ 漢字を 読みましょう。

① ラーメンなら 私は 太い めんが 好きです。
　　　　　　　　　　　　　　い　　　　　き

② 食べすぎで 5キロも 太ってしまいました。
　　　　べすぎ　　　　　　　　って

③ かの女は 足が 細くて 長いです。
　　かの　　　　　　　　くて　　　い

④ 暗い 道を 一人で あるくと とても 心細いです。
　　　　い　　　　　　　　　　　　　　　　　い

⑤ やさいを 細かく きざんでください。
　　　　　　　　かく

◆ 漢字を 書きましょう。

① ふといベルト　　　　　　い　　　② ふとる　　　　　　　　る

③ たいよう　　　　　　よう　　　④ たいへいよう　　　　へい

⑤ ほそいうで　　　　　　い　　　⑥ ほそながい部屋 へや　　　　い

⑦ こまかいおかね　　　　かい　　⑧ きゅうよめいさい

146

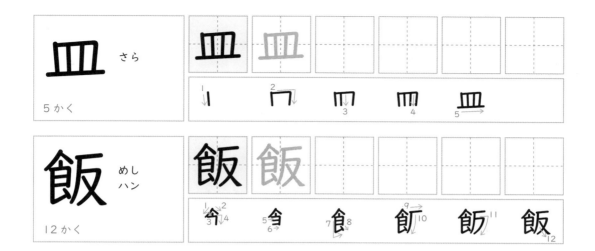

◆ 漢字を　読みましょう。

① アルバイトで　皿あらいの　しごとを　しています。
　　　　　　　　　　あらい

② すみません。小皿を　二まい　ください。
　　　　　　　　　　　　　　まい

③ かれは　三どの　飯より　読書が　好きです。
　　　　　　　　　ど　　　　　　　　　　　　　き

④ 夕飯の　ざい料を　買いに　スーパーへ　行きます。
　　　　　　　ざい　　　　　　　い　　　　　きます

⑤ 新しい　すい飯きで　米を　たきます。
　　　　しい　すい　　き

◆ 漢字を　書きましょう。

① さら　　　　　　　　　　　② こざら

③ とりざら　　とり　　　　　④ はいざら　　はい

⑤ めし　　　　　　　　　　　⑥ ゆうはん

⑦ すいはんき　すい　　　き　⑧ ひるごはん　　　ご

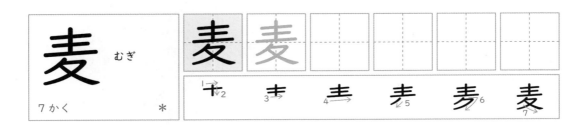

麦 むぎ
7かく ＊

◆ 漢字を 読みましょう。
かんじ よ

① ビールは 麦から 作られています。

② 小麦を 使っていない ケーキを 食べました。

③ つめたい 麦茶を 水とうに 入れて さんぽに 行きましょう。

④ 今日は とても あついので 麦わらぼうしを かぶって 出かけます。

◆ 漢字を 書きましょう。
かんじ か

① むぎ　　　　　　　　　　② こむぎこ　　　　　　　　こ

③ おおむぎ　　　　　　　　④ むぎちゃ

⑤ むぎわらぼうし　　　　わらぼうし

ふくしゅう

1. 漢字を　読みましょう。

① 小麦こで　パンや　うどんを　作ります。

② さい近　食べすぎて　少し　太ってきました。

③ 石油ストーブで　部屋を　あたためます。

④ 友だちと　昼ご飯を　食べる　やくそくを　しました。

⑤ お気に入りの　皿を　わってしまいました。

⑥ からくないか　味見を　してください。

⑦ 店長に　きゅうよ明細を　もらいました。

⑧ まりさんは　うでが　細いのに　力が　あります。

⑨ しおラーメンに　ごま油を　入れると　おいしいです。

⑩ はじめての　フランス料理を　味わいました。

①	こ
②	って
③	
④	ご
⑤	
⑥	
⑦	
⑧	い
⑨	ごま
⑩	わいました

2. 漢字を　書きましょう。

① なつに　なると　むぎちゃを　飲みたく　なります。

② この店の　ラーメンは　めんが　ふといです。

③ ちょうみりょうは　何か　ひつようですか。

④ 知らない　所へ　行くのは　こころぼそいです。

⑤ ほりえさんは　ヨットで　たいへいようを　わたりました。

⑥ ゆうはんの　おかずを　買いに　スーパーへ　行きます。

⑦ このラーメンは　あじが　うすくて　おいしくないです。

⑧ とりざらに　おかずを　分けます。

⑨ ぎょうざに　ラーゆを　つけて　食べます。

⑩ すみません。今　こまかい　お金が　ありません。

①	
②	い
③	ちょう
④	い
⑤	へい
⑥	
⑦	
⑧	とり
⑨	ラー
⑩	かい

6章 アチーブメントテスト

1. 漢字を 読みましょう。

① アルバイト先で 1週間 研しゅうを うけました。
　　先(さき)　1週間(しゅうかん)　　しゅう

② 1日に 十こ たん語を おぼえます。
　　1日(いちにち)　十(じっ)こ　たん

③ おいしくなるように 心を こめて 毎日 食じを 作ります。
　　　　　　　　　　　　心　　　　　毎日(まいにち)　食(しょく)じ　作(つく)

④ 高校時代は 化学が 一番 にが手でした。
　　高校時代(こうこうじだい)　化学　一番(いちばん)　手(て)

⑤ この人の ことを 知っていますか。
　　人(ひと)　　　　　って

⑥ もっと 大きい声で 話してください。
　　　　　大(おお)きい声　話(はな)

⑦ 今日は お客さんも 少なくて しごとが 楽でした。
　　今日(きょう)　お客(きゃく)さん　少(すく)なくて

⑧ じ書で しらべても い味が よく わかりません。
　　じ書(しょ)　　　　　い

⑨ すい飯きで ごはんを たきます。
　　すい　　き

⑩ やさいを 細かく きざんだら なべに 入れてください。
　　　　　　細(かく)かく　　　　　　　入(い)れて
　　　　　　かく

2. 漢字を 書きましょう。

① ゆめをかたる 　　　　　る　② ちゅうもん 　ちゅう

③ しゅうちゅう 　　　　　　④ わかもの 　　　　　もの

⑤ にほんしゅ 　　　　　　⑥ あじみ

⑦ せきゆ 　　　　　　⑧ はなしごえ 　　　　し

⑨ おんがく 　　　　　　⑩ さらあらい 　　　　あらい

150

3. ぶんを　読んで　漢字を　読んだり　書いたりしましょう。

　　私は　2年前に　日本へ　来ました。今　大学一年生です。大学では　①心理学
を　勉強しています。大学の　じゅぎょうは　はじめは　むずかしかったですが
今は　なれました。むずかしいのは　②ごがくの　じゅぎょうです。特に　③えい
ごが　にが手ですが　一生けんめい　がんばっています。好きなのは　④日本文化
ろんの　こうぎです。レポートで　二千字の　⑤文しょうを　書くのは　たいへん
でしたが　書いて　じしんが　つきました。大学の　そつぎょう後は　大学院で
⑥けんきゅうを　したいと　思っています。

　　この間　はじめて　合コンに　さんかしました。友だちから　「⑦にんずうが
少ないから　来てくれない？」と　さそわれたのです。男の人と　女の人が　おな
じ⑧数に　ならなければならないそうです。おもしろいと　思いました。い酒屋も
はじめて　行きました。大学生など　⑨わかいひとが　⑩たのしそうに　⑪おさけ
を　飲みながら　話を　していました。私たちは　7時に　⑫集まって　9時まで
飲みました。それから　カラオケへ　行きました。日本の　アニメソングを　⑬歌っ
たら　みんなに　いい⑭声だと　ほめられました。

　　さい近　⑮しりあいに　しょうかいしてもらって　ラーメン屋で　アルバイトも
始めました。⑯しょう油や　みそ、とんこつなど　いろいろな　⑰味が　あること
や　⑱ふといめん　⑲ほそいめんなど　めんの　しゅるいも　たくさん　あること
を　⑳知りました。メニューを　おぼえて　しっかり　ちゅう文が　とれるように
なりたいです。

①	②	③	④　　　　ろん
⑤　　しょう	⑥	⑦	⑧
⑨　　い	⑩　しそうに	⑪ お	⑫　　まって
⑬　　　ったら	⑭	⑮　　り　　い	⑯ しょう
⑰	⑱　　　　　い	⑲　　　　　い	⑳　　りました

クイズ

1. ＿＿＿＿の ひらがなを 漢字に なおして（　　　）に 書きましょう。
かんじ
か

	9:00	12:00	15:00	18:00	21：00	24:00
11/10（月）	←①しんりがく→		←②えいご I →			
11/11（火）		←③にほんぶんかろん→		←アルバイト→		
11/12（水）	←④にほんぶんがく→		←⑤にほんご II →			
11/13（木）	←ゼミ：日本文化⑥けんきゅう→			←アルバイト→		
11/14（金）		←にほんご II →				
11/15（土）		デート（よこはま）♡				

① （　　　　　　　　　） ② （　　　　　　　　　　　） ③ （　　　　　　ろん　）
④ （　　　　　　　　　） ⑤ （　　　　　　　　　　　） ⑥ （　　　　　　　　　）

2. ＿＿＿＿の ことばの 読み方を（　　　）に 書きましょう。
よ かた か

パクさん

来週の　土よう日　サークルの　メンバーで　①集まって　パーティーするんだけど、
らいしゅう　と　び
　　　　　　　　　　　　　　　　　　　　　　　（　　　まって）

いっしょに　行かない？↗↗　いろんな人と　②知り合いになれるよ ^□^
い　　　　　　　　　　　　ひと
　　　　　　　　　　　　　　　　　　　　　（　　り　　い）

なんと！　イケメン③歌手も　来るんだよ。この人　④声が　すごくいいんだ。
く　　　　　ひと
　　　　　　（　　　　　）　　　　　　　　（　　　）

二じ会は　みんなで　カラオケに　行くから　⑤楽しみに　していてね🎤
に　かい　　　　　　　　　　い
　　　　　　　　　　　　　　　　　　　　（　　しみに）

土よう日は　7時に　⑥名古屋駅の　時計広場に　⑦集合だよ。
と　び　　じ　　　　　　　　とけいひろば
　　　　　　（　　　　　） （　　　　　　）

じゃ　へんじを　待ってるね ♡♡　　　　　　　　　めぐみ
ま

3. メニューを　見ながら　下の　会話を　読んで　漢字を　書きましょう。

メニュー

しょうゆラーメン	550 円
チャーシューめん	750 円
ワンタンめん	650 円
さらうどん	750 円
※特もりラーメン	2500 円
トッピング	50 円
〜あじつけたまご・コーン・もやし〜	
ラー油	0 円

※めんは「ふとめん・ほそめん」からえらべます。
※特もりラーメン　一人でぜんぶ食べたらむりょう！

チャーハン	450 円
ご飯	150 円
ぎょうざ	450 円
お酒（なまビール・日本酒）	400 円
ジュース	200 円

※むぎちゃはセルフサービスでどうぞ

☆ぼう年会・飲み会　できます。
☆出前　できます。

ラーメン屋ふじ
〒〇〇〇△△△△
青森県ふじ市りんご町〇-△-×
電話：017-〇〇〇-△△△△

客：すみません。① ちゅう□ いいですか。

店員：はい。どうぞ。

客：あのう　特もりラーメンって　何ですか。

店員：五人前の　ラーメンです。ぜんぶ　食べた方は② む□ になりますよ。

客：五人前ですか！　それは　むりだなあ。
じゃ③ しょう□ ラーメンと④ □うどん を一つずつ　ください。

店員：ラーメンの　めんは⑤ □めん と⑥ □めん どちらに　しますか。

客：ほそいほうで　おねがいします。あと⑦ □つけ たまごも　一つ　つけてください。
それから⑧ □ビール を　一つ　ください。

店員：ビールですね。⑨ □□ は　セルフサービスなので　あちらから　おとりください。

客：すみません。⑩ お□計 おねがいします。

店員：はい、ありがとうございます。合計で⑪ □□□□円 です。

7章 春夏秋冬
しょう しゅんかしゅうとう

1 きせつ

Four Seasons
春夏秋冬
Xuân hạ thu đông
Seasons
季节
Mùa

日本には　春　夏　秋　冬の　四きが　あります。あなたの
にほん　　　はる　なつ　あき　ふゆ　　　し
国では　どうですか。
くに
じ分の　国や　日本の　きせつを　せつ明したり　しつもん
ぶん　　くに　にほん　　　　　　　　　めい
したり　できるように　なりましょう。

| 春 | 夏 | 秋 | 冬 | 空 | 星 | 雲 | 去 |

春　はる　シュン　9かく

夏　なつ　カ　10かく　＊

◆ 漢字を　読みましょう。

① 今年の　春は　いつもの　年より　さむいです。

② 新春の　およろこびを　もうし上げます。

③ 高校の　しゃしんを　見ると　青春時だいを　思い出します。

④ 毎年　夏になると　うみに　およぎに　行きます。

⑤ 今日は　気おんが　二十五ど　い上の　夏日になります。

◆ 漢字を　書きましょう。

① はるやすみ　　　み　　② りっしゅん

③ しゅんぶんのひ　　の　　④ せいしゅん

⑤ なつやすみ　　　み　　⑥ しょか　しょ

秋	あき シュウ	秋	秋				
9かく		② ⓘ 三	千 ③	⑤ 禾	秒 ⑥ ⑦	秒 ⑧	秋 ⑨

冬	ふゆ トウ	冬	冬				
5かく		① ノ	② ク	冬 ③	冬 ④	冬 ⑤	

◆ 漢字を　読みましょう。

① 秋は　いろいろな　食べ物が　おいしい　きせつです。

② 秋分の日に　父と　おはかまいりに　行きました。

③ 冬休みは　12月23日から　始まります。

④ 今日は　ま冬の　さむさになるそうです。

⑤ 冬きオリンピックで　日本の　せん手が　金メダルを　とりました。

◆ 漢字を　書きましょう。

① あき

② しゅうぶんのひ　　　　　　の

③ りっしゅう

④ ふゆ

⑤ まふゆ　ま

⑥ しゅんかしゅうとう

◆ 漢字を　読みましょう。
かんじ　　　　よ

① となりの　家は　半年前から　空き家です。
　　　　　　　　　　　　　　　　　　　　き

② 雨上がりの　空は　青くて　きれいです。
　　　　　　　がり　　　　　　　　くて

③ 私の　弟は　小学生のときから　空手を　ならっています。

④ ひ行きが　東京の　上空を　とんでいます。
　　ひ　　き

⑤ 夜空に　星が　かがやいています。

◆ 漢字を　書きましょう。
かんじ　　　か

① あきカン　　　　　　きカン　　　② 時間があく　　　　　　　　く
　　　　　　　　　　　　　　　　　　じかん

③ せきをあける　　　　　けFFる　　　④ からのはこ

⑤ くうき　　　　　　　　　　　　　⑥ くうこう　　　　　　　　こう

⑦ ほし　　　　　　　　　　　　　　⑧ かせい

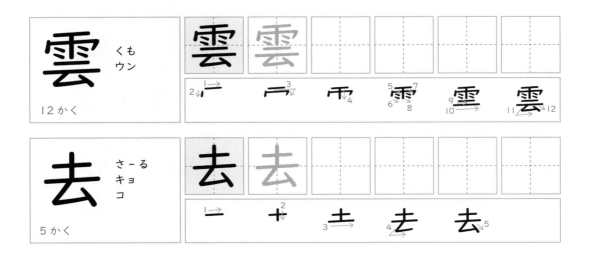

◆ 漢字を 読みましょう。

① 星が 雲に かくれて 見えません。
　　　　[　　　] [　　　]　　　　[　えません]

② 雨雲が 出てきたので もうすぐ 雨が 降るかもしれません。
　　　　[　　　] [　て]　　　　[　　　]　　[　る]

③ 去年の 4月に 日本へ 来ました。
　　　　[　　し] [　　　] [　ました]

④ しゃしんを 見て か去を 思い出しました。
　　　　　　[　て] [か　] [　い] [しました]

⑤ 大せつな データを まちがって しょう去して しまいました。
　　　　　[　せつな]　　　　　[しょう　]

◆ 漢字を 書きましょう。

① くも　　[　　　]　　② せきらんうん [せきらん　　]

③ 夏がさる [　　　る]　　④ きょねん [　　　]

⑤ かこ　[か　]　　⑥ しょうきょ [しょう　]

⑦ しきょ [し　]

158

ふくしゅう

1. 漢字を　読みましょう。

① 毎年　春に　さくらを　見るのが　楽しみです。

② 火星に　生物が　いる　という人も　います。

③ このアプリでは　雨雲の　うごきを　見ることができます。

④ 夏休みに　山へ　キャンプに　行くつもりです。

⑤ 去年に　くらべて　今年は　ゆきが　多いです。

⑥ 日本は　春夏秋冬が　はっきりしています。

⑦ 時間が　空いたら　れんらく　してください。

⑧ 山の上の　空気は　つめたくて　きれいです。

⑨ 秋は　スポーツを　するのに　いい　きせつです。

⑩ 西の　空に　日が　しずんでいます。

①	
②	
③	
④	み
⑤	
⑥	
⑦	いたら
⑧	
⑨	
⑩	

2. 漢字を　書きましょう。

① あきカンは　ごみばこに　すててください。

② 都会では　ほしは　なかなか　見られません。

③ せきらんうんが　出ていたので　しゃしんを　とりました。

④ しゅんぶんのひに　おはかまいりに　行きました。

⑤ 秋が　さって　さむくなってきました。

⑥ ふゆやすみに　北海道へ　スキーに　行きます。

⑦ あきは　食べ物が　おいしい　きせつです。

⑧ 今年の　なつは　花火大会へ　行きたいです。

⑨ 夕べ　月が　くもに　かくれて　見えませんでした。

⑩ かこのことは　わすれて　これからを　考えましょう。

①	きカン
②	
③	せきらん
④	の
⑤	って
⑥	み
⑦	
⑧	
⑨	
⑩	か

7章
_{しょう}

春夏秋冬
_{しゅんかしゅうとう}

2 天気
_{てんき}

Four Seasons
春夏秋冬
Xuân hạ thu đông
Weather
天气
Thời tiết

天気を 言うときに 使うことばを おぼえましょう。
_{てんき} _い _{つか}

天気よほうが わかるようになります。
_{てんき}

天 晴 雪 風 強 弱 暑 寒

◆ 漢字を　読みましょう。

① 朝は　いい　天気でしたが　午後になって　雨が　降ってきました。
　　　　　　　　　　　　　　　　　　　　　　　　　　　　　　って

② 天気よほうによると　今日は　晴れるそうです。
　　　　　よほう　　　　　　　　　　　れる

③ 雨天の場合　うんどう会は　中止します。
　　　　　　　　　うんどう

④ 子どもの　ねがおは　天使の　ようです。
　　　　　ども

⑤ 今日は　雲が　一つもないかい晴です。
　　　　　　　　　　　　　　　つ　かい

◆ 漢字を　書きましょう。

① てんき

② うてん

③ てんし

④ てんごく

⑤ せいてん

⑥ 空がはれる　　　　れる

⑦ かいせい　　かい

161

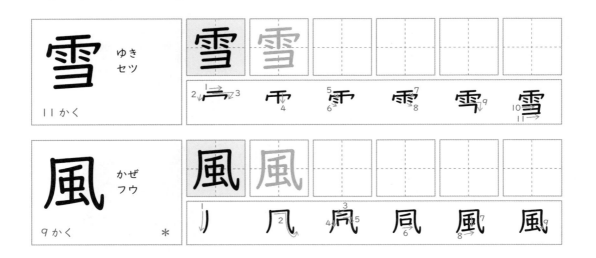

雪	ゆき セツ	雪	雪				
11かく							

風	かぜ フウ	風	風				
9かく	*						

◆ 漢字を 読みましょう。

① 寒いと 思って まどの 外を 見たら 雪が 降っていました。

② 新雪の ゲレンデで スキーを するのは 気もちが いいです。

③ 台風が 近づいて 雨と 風が つよくなってきました。

④ 風車を 使って 電気を 作ります。

⑤ 明じ時だいから 日本は 洋風の 生かつを するようになりました。

◆ 漢字を 書きましょう。

① ゆきぐに

② ゆきだるま 　だるま

③ おおゆき

④ しんせつのゲレンデ

⑤ ふうそく

⑥ たいふう

⑦ ふうしゃ

⑧ ようふう・わふう 　・わ

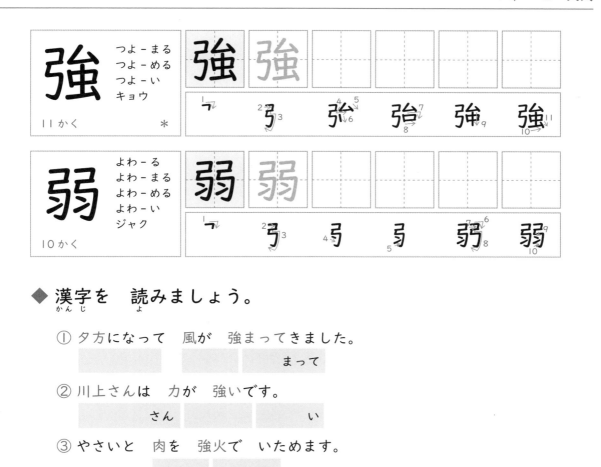

◆ 漢字を　読みましょう。

① 夕方になって　風が　強まってきました。
　　　　　　　　　　　　　　　　まって

② 川上さんは　力が　強いです。
　　　　　　さん　　　　　　　い

③ やさいと　肉を　強火で　いためます。

④ 病気を　して　そ父は　体が　弱ってしまいました。
　　　　　　　　　そ　　　　　　　　　　って

⑤ 昨日からの　大雨も　やっと　弱まってきました。
　　　　　　　　　　　　　　　　　　まって

◆ 漢字を　書きましょう。

① 火をつよめる　　　　　める　　② きょうふう

③ 力をよわめる　　　　　める　　④ 体がよわい　　　　　　い

⑤ じゃくしょうチーム　　チーム　　⑥ きょうじゃく

163

◆ 漢字を　読みましょう。

① 今日は　暑かったので　たくさん　あせを　かきました。
　　　　　　　　　　　　かった

② 田中さんは　夏に　ひ暑地に　あるべっそうへ　行くそうです。
　　　　さん　　　　　　ひ　　　　　　　　く

③ 先生に　暑中見まいの　はがきを　出しました。
　　　　　　　　　まい　　　　しました

④ 寒い　朝は　おきるのが　大へんです。
　　　　い　　　　　　　　へん

⑤ 毎日　寒いので　ぼう寒グッズを　買いに　行きました。
　　　　　　い　ぼう　　　　　い　きました

◆ 漢字を　書きましょう。

① あつさ　　　　　　　　さ　　② もうしょび　もう

③ ひしょ　　ひ　　　　　　　　④ しょちゅうみまい　　　　まい

⑤ さむさ　　　　　　　　さ　　⑥ さむけ

⑦ ぼうかん　ぼう

ふくしゅう

1. 漢字を　読みましょう。

① 子どものとき　体が　弱くて　よく　かぜを　ひきました。　① 　　　　くて

② やさいを　いためるときは　火を　強めましょう。　② 　　めましょう

③ 寒いので　コートを　着て　出かけました。　③ 　　　　い

④ 台風が　近づいているので　外に　出ないでください。　④

⑤ 強風が　ふいて　かんばんが　おちました。　⑤

⑥ うんどうを　していないので　足が　弱ってきました。　⑥ 　　って

⑦ 新雪の　ゲレンデを　すべるのは　気もちが　いいです。　⑦

⑧ 明日　晴れたら　友だちと　テニスを　します。　⑧ 　　れたら

⑨ 雨天のため　やきゅうの　しあいは　中止です。　⑨

⑩ 今年は　もう暑日が　つづきました。　⑩ もう

2. 漢字を　書きましょう。

① このビルは　じしんに　つよい　たて物です。　① 　　　　い

② ゆきを　集めて　ゆきだるまを　作りました。　② 　　だるま

③ きのうの　夜は　あつくて　ねむれませんでした。　③ 　　　　くて

④ てんきよほうによると　明日は　雨が　ふるそうです。　④ 　　よほう

⑤ エアコンを　少し　よわめてください。　⑤ 　　　めて

⑥ 部屋に　かぜを　入れるため　まどを　開けました。　⑥

⑦ 赤ちゃんの　ねがおは　てんしの　ようです。　⑦

⑧ おでんは　よわびで　にたほうが　おいしいです。　⑧

⑨ わ風と　ようふうと　どちらの　料理が　いいですか。　⑨

⑩ 冬山に　行くなら　しっかり　ぼうかんを　しましょう。　⑩ ぼう

旅行が　好きですか。旅行に　行ったら　いろいろな
りょこう　　　　　　りょこう　　　い
写真を　とりますね。世界を　旅して　とった写真は
しゃしん　　　　　　せかい　　　たび　　　　　　しゃしん
いい　きねんになるでしょう。

| 旅 | 持 | 世 | 界 | 写 | 真 | 船 |

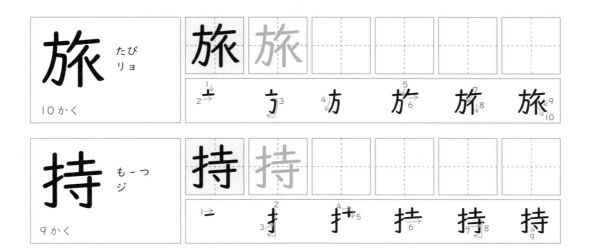

◆ 漢字を　読みましょう。

① さい近　女せいの　一人旅が　ふえています。
　　　　さい　　　　　　せい

② 旅行に　行くために　アルバイトを　しています。
　　　　　　　　　　　く

③ 山の中の　おんせん旅館に　とまりました。

④ 重そうですね。　荷物を　持ちましょうか。
　　　　　　　そう　　　　　　　　　　　ちましょう

⑤ 旅行中　所持金を　すべて　おとしてしまいました。

◆ 漢字を　書きましょう。

① たび

② りょこう

③ りょかん

④ りょひ　　　　　　　　　　　ひ

⑤ 荷物をもつ　　　　　　つ
　　にもつ

⑥ きもち　　　　　　　　ち

⑦ もちもの　　　ち

⑧ じびょう

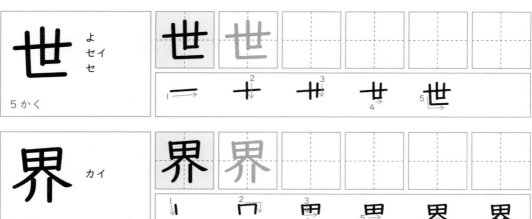

◆ 漢字を　読みましょう。

① インターネットで　何でもできる　世の中になりました。
　　　　　　　　　　　でも　　　　　の

② 木村さんは　か長から　部長に　出世しました。
　　　　　　　さん　か

③ いつか　世界一しゅう旅行を　してみたいです。
　　　　　　　　　　しゅう

④ 毎日　しごとが　多すぎて　もう　げん界です。
　　　　　　　　　　　すぎて　　　　げん

⑤ そ母は　去年　八十三さいで　た界しました。
　　そ　　　　　　　　　　　　さい　た

◆ 漢字を　書きましょう。

① よのなか　　　　　　の　　　　　　② ちゅうせい

③ せけん　　　　　　　　　　　　　　④ しゅっせ

⑤ 21 せいき　21　　　　　き　　　　⑥ せかい

⑦ げんかい　げん　　　　　　　　　　⑧ げいのうかい　げいのう

| 写 | うつ−る
うつ−す
シャ | 写 | 写 | | | | |
| 5かく | | | | | | | |

| 真 | ま
シン | 真 | 真 | | | | |
| 10かく | | | | | | | |

◆ 漢字を　読みましょう。

① 一番　左に　写っている人は　私の　父です。

② け色が　きれいな　場所で　写真を　とりましょう。
　しき

③ この魚は　真空パックに　入っているので　長持ちします。

④ うそを　つかないで　真じつを　話してください。

⑤ 私の　父は　三人兄弟の　真ん中です。

◆ 漢字を　書きましょう。

① うつる　　　　　　　　る　　② ノートをうつす　　　　　　す

③ しゃせい　　　　　　　　　　④ まなつ

⑤ まごころ　　　　　　　　　　⑥ しゃしん

⑦ しんくう　　　　　　　　　　⑧ しんじつ　　　　　　　じつ

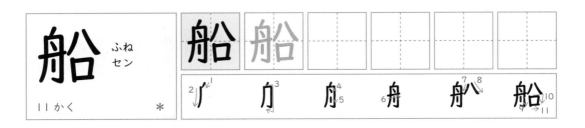

船 ふね セン
11かく *

◆ 漢字を　読みましょう。
（かんじ）（よ）

① 船で　北かい道へ　行きました。
　　　　　　　　　　かい　　　　　きました

② 船に　乗って　旅行しているとき　船長と　写真を　とりました。
　　　　　　って

③ この客船には　プールや　カジノも　あるそうです。

◆ 漢字を　書きましょう。
（かんじ）（か）

① ふね　　　　　　　　　② きゃくせん

③ せんちょう　　　　　　④ ふうせん

ふくしゅう

1. 漢字を　読みましょう。

① 山田さんは　同きより　早く　出世しました。　　　　　① ＿＿＿＿＿＿＿＿＿＿＿＿

② 私の　右に　写っている人が　母です。　　　　　　　　② ＿＿＿＿＿＿＿って＿＿＿

③ 夏休みに　一人旅する　よていです。　　　　　　　　　③ ＿＿＿＿＿＿＿＿＿＿＿＿

④ 船で　こうべへ　行ったので　時間が　かかりました。　④ ＿＿＿＿＿＿＿＿＿＿＿＿

⑤ 妹は　歌手として　げいのう界で　かつやくしています。　⑤ げいのう＿＿＿＿＿＿＿

⑥ ろてんぶろが　ある　おんせん旅館を　よやくしました。　⑥ ＿＿＿＿＿＿＿＿＿＿＿＿

⑦ 荷物が　重いので　持ってもらえませんか。　　　　　　⑦ ＿＿＿＿＿＿＿って＿＿＿

⑧ 今は　インターネットで　買い物が　できる世の中です。　⑧ ＿＿＿の＿＿＿＿＿＿＿＿

⑨ 部屋の　真ん中に　テーブルを　おきました。　　　　　⑨ ＿＿＿＿ん＿＿＿＿＿＿＿

⑩ この客船には　プールや　カジノなどが　あります。　　⑩ ＿＿＿＿＿＿＿＿＿＿＿＿

2. 漢字を　書きましょう。

① 友だちの　レポートを　うつしてはいけません。　　　　① ＿＿＿＿＿＿＿して＿＿＿

② りょこうするために　スーツケースを　買いました。　　② ＿＿＿＿＿＿＿＿＿＿＿＿

③ 花の　しゃしんを　とるのが　好きです。　　　　　　　③ ＿＿＿＿＿＿＿＿＿＿＿＿

④ せかいへいわを　ねがうイベントが　行われました。　　④ ＿＿＿＿＿＿＿＿＿＿＿＿

⑤ ホラー映画を　見て　きもちが　わるくなりました。　　⑤ ＿＿＿＿＿＿＿＿＿ち＿

⑥ けいさつに　行って　しんじつを　話してください。　　⑥ ＿＿＿＿＿＿＿＿＿じつ

⑦ 体力の　げんかいに　ちょうせんしています。　　　　　⑦ げん＿＿＿＿＿＿＿＿＿＿

⑧ キャンプの　前日に　もちものを　かくにんしました。　⑧ ＿＿＿ち＿＿＿＿＿＿＿＿

⑨ りょひを　ためるために　アルバイトを　しています。　⑨ ＿＿＿＿＿＿＿＿＿＿ひ

⑩ ゆう園地で　ふうせんを　もらいました。　　　　　　　⑩ ＿＿＿＿＿＿＿＿＿＿＿＿

アチーブメントテスト

1. 漢字を 読みましょう。
かんじ　　よ

① 明日 晴れたら おべん当を 持って ハイキングに 行きませんか。
あした　　　れたら　　　　　とう　　も　　　　　　　　　　い

② ペットの 写真を たくさん とって 友だちに 見せました。
　　　　　　　　　　　　　　　　　　とも　　　み

③ 雪が つもったので 雪だるまを 作りました。
　　　　　　　　　　　　　　　つく

④ 夏休みは 海で およいだり 山で キャンプしたりします。
　　　　　　うみ　　　　　　やま

⑤ 旅行に 行く前に ガイドブックを 買いました。
　　　　い　まえ　　　　　　　　　か

⑥ 去年の 4月から 日本語の べん強を 始めました。
　　　　　がつ　　にほんご　　　きょう　　はじ

⑦ 船に のって みずうみを 一しゅうしました。
　　　　　　　　　　　　　いっ

⑧ うでの 力が 弱いので この荷物は 持ち上げられません。
　　　　ちから　　い　　　　　にもつ　も　あ

⑨ 時間が 空いたら 電話してください。
　じかん　　いたら　　でんわ

⑩ 暑い 日に 飲むビールは おいしいですね。
　ひ　　の　　　　　　い

2. 漢字を 書きましょう。
かんじ　　か

① くも

② ほし

③ さむい　　　　　　　　　　い

④ きょうふう

⑤ おおゆき

⑥ きもち　　　　　　　　　ち

⑦ てんき

⑧ せかい

⑨ たいふう

⑩ りっしゅう

3. 文を　読んで　漢字を　読んだり　書いたりしましょう。
（ぶん）（よ）（かんじ）（よ）（か）

日本の　きせつ
（に ほん）

①はるになって　さくらが　さくと　昼は　おべん当を　②もった人が　夜は
（ひる）（とう）（ひと）（よる）
お酒を　飲みながら　花見を　する人が　ふえます。
（さけ）（の）（はなみ）（ひと）

③夏は　昼間は　とても　④暑いです。夜に　なると　少し　すずしくなります。
（ひるま）（よる）（すこ）
夏になると　いろいろな　場所で　花火大会が　あります。花火を　見る⑤船も
（ばしょ）（はなびたいかい）（はなび）（み）
出ます。
（て）

⑥秋の　はじめは　よく　⑦たいふうが　来ます。たいふうが　近づくと　雨や
（き）（ちか）（あめ）
⑧風が　⑨つよくなって　出かけるのが　きけんです。でも　たいふうが
（て）
⑩去った後は　⑪くも　一つなく　⑫はれて　きれいな　⑬空です。そして　はっ
（あと）（ひと）
ぱの　色が　かわって　こうようが　きれいな　きせつになります。
（いろ）

⑭冬は　⑮くうきが　きれいです。夜は　とても　⑯さむいですが　⑰星を　見
（よる）（み）
るのに　いいです。北へ　行くと　たくさんの　⑱雪が　降ります。
（きた）（い）（ふ）

日本は　どの　きせつでも　楽しめます。⑲しゃしんを　とるところも　たくさ
（に ほん）（たの）
ん　あります。ぜひ　⑳りょこうしに　来てください。
（き）

①	② った	③	④ い
⑤	⑥	⑦	⑧
⑨ く	⑩ った	⑪	⑫ れて
⑬	⑭	⑮	⑯ い
⑰	⑱	⑲	⑳

クイズ

1. きせつの 漢字を 書きましょう。
かん じ　　か

れい 〔 冬 〕

① 〔　　　　〕

② 〔　　　　〕

③ 〔　　　　〕

④ 〔　　　　〕

⑤ 〔　　　　〕

⑥ 〔　　　　〕

⑦ 〔　　　　〕

⑧ 〔　　　　〕

2. □の　漢字は　まちがいです。〔　　〕に　ただしい　漢字を
書きましょう。

① 春 に　なると　さくらが　さきます。⇒ 〔　　　　　〕

② 舶 に　乗って　北かい道へ　行きました。⇒ 〔　　　　　〕

③ きれいな　けしきの 写 真を　とりたいです。⇒ 〔　　　　　〕

④ 今日は　風が 強 くて　ぼうしが　とびました。⇒ 〔　　　　　〕

⑤ 夏 休みに　海へ　行くつもりです。⇒ 〔　　　　　〕

3. ねこが　ふんでしまいました。漢字を
きれいに　書きなおしましょう。

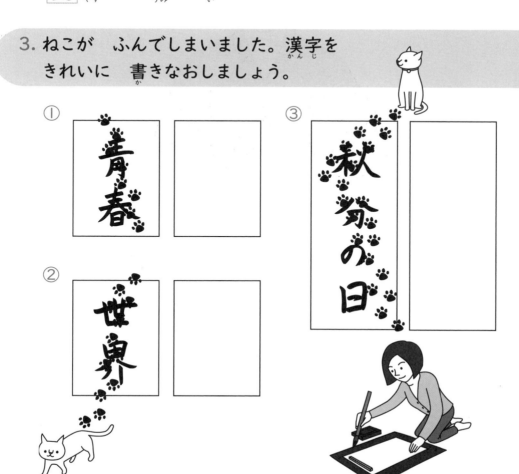

①　青春

②　世界

③　秋分の日

8章
しょう | 学校
がっこう | 1 勉強
べんきょう

Schools
学校
Trường học
Study
学习
Học tập

漢字の　勉強は　とても　大切です。
かんじ　　べんきょう　　　　　たいせつ

たくさん　漢字を　おぼえれば　本や　新聞も　読めるように
かんじ　　　　　ほん　しんぶん　よ

なります。

宿題を　して　わからないところは　先生に　質問しましょう。
しゅくだい　　　　　　　　　　　　せんせい　しつもん

勉 漢 宿 題 質 問 教 室

◆ 漢字を　読みましょう。

① 毎日　5時間　日本語を　勉強します。
　　　　　　　　　　ご

② 森川さんは　勉強家で　何でも　おしえてくれます。
　　　　　　　さん　　　　　　　　　でも

③ 前田さんは　きん勉な　人です。
　　　　　　　さん　きん　　　な

④ 今年中に　漢字を　二千字　おぼえたいです。

⑤ 病気のとき　漢方薬を　飲むと　元気になります。
　　　　　　　　　　　　　　　む　　　　に

◆ 漢字を　書きましょう。

① べんきょう

② べんきょうか

③ きんべん　　きん

④ かんじ

⑤ かんすうじ

⑥ かんわじてん　　わじてん

⑦ かんぽうやく

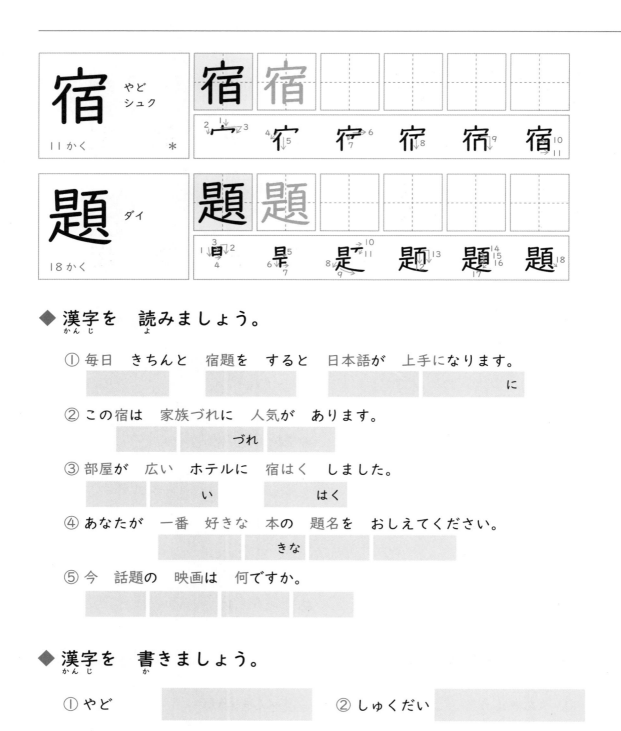

宿 やど／シュク　11かく　＊

題 ダイ　18かく

◆ 漢字を　読みましょう。

① 毎日　きちんと　宿題を　すると　日本語が　上手になります。

② この宿は　家族づれに　人気が　あります。

③ 部屋が　広い　ホテルに　宿はく　しました。

④ あなたが　一番　好きな　本の　題名を　おしえてください。

⑤ 今　話題の　映画は　何ですか。

◆ 漢字を　書きましょう。

① やど

② しゅくだい

③ しゅくはく　　　はく

④ がっしゅく

⑤ しんじゅくえき

⑥ だいめい

⑦ わだい

178

◆ 漢字を　読みましょう。

① むずかしい　問題は　先生に　質問します。

② この店の　品物は　どれも　質が　高いです。

③ つぎの　文を　読んで　後の　問いに　こたえてください。

④ 会社を　ほう問するときは　先に　電話を　したほうがいいです。

⑤ わからないことが　あったら　電話や　メールで　問い合わせてください。

◆ 漢字を　書きましょう。

① しつもん

② しつが高い

③ といにこたえる

④ い見をとう

⑤ もんだい

⑥ もんだいしゅう

⑦ しゃかいもんだい

⑧ がくもん

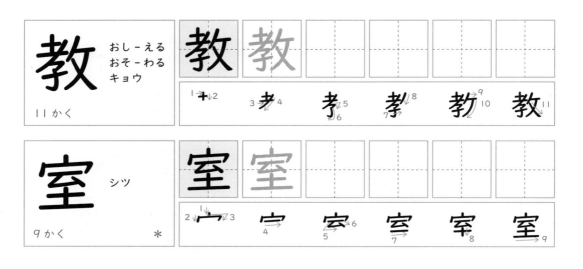

◆ 漢字を　読みましょう。

① アルバイトで　日本人に　英語を　教えています。
　　　　　　　　　　　　　　　　　　　えて

② 石川先生に　１年間　日本語を　教わりました。
　　　　　　　　　いち　　　　　　　　　　わりました

③ 大学院で　教育問題について　研究しようと　思っています。
　　　　　　　　　　　　　　　　　　　　　　　　　って

④ 学校の　教室は　広くて　とても　きれいです。
　　　　　　　　　　　　くて

⑤ 外は　とても　暑いですが　室内は　すずしくて　気持ちが　いいです。
　　　　　　　　い　　　　　　　　　　　　　　　　ち

◆ 漢字を　書きましょう。

① 英語をおしえる　　　　　　　える　　② 日本語をおそわる　　　　　　わる

③ きょういく　　　　　　　　　　　　　④ きょうしつ

⑤ きょうかしょ　　　　　　　　　　　　⑥ ぶっきょう　　ぶつ

⑦ きょうじゅ　　　　　　　じゅ　　　　⑧ けんきゅうしつ

ふくしゅう

1. 漢字を　読みましょう。

① 室内は　すずしくて　気持ちが　いいです。 ── ①

② わからないところは　先生に　質問します。 ── ②

③ 1年間　おなじ　先生に　日本語を　教わりました。 ── ③　　　　わりました

④ この問いは　どういう　い味ですか。 ── ④　　　　い

⑤ 今日の　宿題は　少し　むずかしいです。 ── ⑤

⑥ かぜを　ひいたかもしれません。漢方薬を　飲みます。 ── ⑥

⑦ 田中さんは　きん勉な　人です。 ── ⑦ きん　　　な

⑧ 夏休みは　ずっと　大学院の　研究室に　いました。 ── ⑧

⑨ 新宿には　東京都ちょうが　あります。 ── ⑨

⑩ 「5」は　漢数字で　「五」と　書きます。 ── ⑩

2. 漢字を　書きましょう。

① きのう　見た映画の　だいめいを　わすれてしまいました。 ── ①

② 明日は　二社　ほうもんするよていです。 ── ② ほう

③ 子どもには　しつの　高い　教育を　うけさせたいです。 ── ③

④ きょうしつで　たばこを　すってはいけません。 ── ④

⑤ 毎日　かんじを　五こずつ　おぼえます。 ── ⑤

⑥ 日本語の　べんきょうは　とても　楽しいです。 ── ⑥

⑦ テストは　よく　もんだいを　読んでください。 ── ⑦

⑧ やどから　きれいな　星が　見えました。 ── ⑧

⑨ 日本語の　きょうかしょを　三さつ　買いました。 ── ⑨

⑩ アルバイトの　後はいに　しごとを　おしえました。 ── ⑩　　　　えました

8章
しょう ｜ 学校
がっこう

Schools
学校
Trường học
Examination
測験
Bài thi

2 テスト

じ分の　力を　試すために　テスト を　します。
ぶん　ちから　ため
百てんが　とれるように　勉強しましょう。
ひゃく　　　　　　　べんきょう

試 験 答 考 正 丸 不 同

◆ 漢字を　読みましょう。

① しっぱいしても　いいので　いろいろ　試みることが　大切です。
　　　　　　　　　　　　　　　　　　　　みる

② じつ力を　試すために　もぎ試験を　うけました。
　　じつ　　　　　　す　もぎ

③ 試食したステーキが　とても　おいしかったので　牛肉を　買いました。
　　　　　　　　　　　　　　　　　　　　　　　　　　　　　　いました

④ 先日　サッカーの　試合を　見に　行きました。
　　　　　　　　　　　　　　　　　　　きました

⑤ 学校の　じゅぎょうで　書道を　体験しました。

◆ 漢字を　書きましょう。

① こころみる　　　　みる　　② じつ力をためす　　　　　　す
　　　　　　　　　　　　　　　　りょく

③ しけん　　　　　　　　　　④ ししょく

⑤ しちゃく　　　　　　　　　⑥ しあい

⑦ じっけん　じっ　　　　　　⑧ じゅけん　じゅ

答	こた－える こた－え トウ	答	答				
12 かく							

筆順: ¹ ² ³ ⁴ ⁵ ⁶ 竹⁷ ⁸ 答⁹ 答¹⁰ ¹¹ 答¹²

考	かんが－える コウ	考	考				
6 かく							

筆順: ¹ 十² 耂³ 耂⁴ 考⁵ 考⁶

◆ 漢字を　読みましょう。

① つぎの　問題に　答えてください。
　　　　　　　　　　　　えて

② テストに　答えを　書くときは　きれいに　書きましょう。
　　　　　　　　　　　え　　　　く　　　　　　　　きましょう

③ かい答よう紙を　くばります。
　　　　かい　　　　よう

④ 問題が　むずかしくて　いくら　考えても　わかりませんでした。
　　　　　　　　　　　　　　　　　　　　えて

⑤ レポートを　書くとき　何を　さん考にしますか。
　　　　　　　　　く　　　　　　さん

◆ 漢字を　書きましょう。

① 問題にこたえる　　　える
② こたえ　　　え

③ かいとう　かい
④ かんがえる　　　える

⑤ かんがえかた　　　え
⑥ さんこうしりょう　さん　し

⑦ プラスしこう

184

◆ 漢字を 読みましょう。

① 正しい 答えを えらんで 丸を 書いてください。
　　　　しい　　　え　　　　　　　いて

② 漢字の かたちは 正かくに おぼえましょう。
　　　　　　　　　　かくに

③ その丸くて 赤い 食べ物は うめぼしです。
　　　　くて　　い　　べ

④ いらないメモは 丸めて ごみばこに すてました。
　　　　　　めて

⑤ 私の 兄は ほう丸なげの せん手です。
　　　　　　　ほう　　なげ　せん

◆ 漢字を 書きましょう。

① ただしい　　　しい　　② せいかくな日本語　かくな

③ せいかい　　　かい　　④ しょうご

⑤ しょうがつ　　　　　　⑥ まるいかお　　　い

⑦ まるをつける　　　　　⑧ まるめる　　　める

185

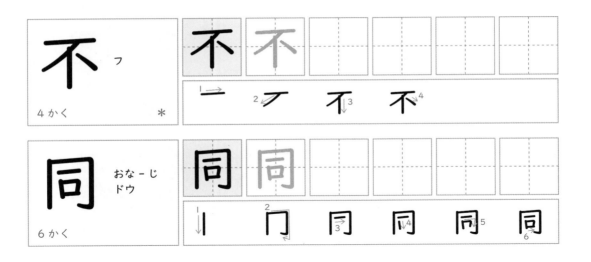

◆ 漢字を 読みましょう。

① うちは 駅から 遠くて 不便です。

                  くて

② 勉強する時間が あまり なかったので 明日の テストが 不安です。

③ うんどう不足は 体に よくないです。

   うんどう

④ 私と 田中さんは 同じ 町に 住んでいます。

            さん   じ   んで

⑤ 先週の マラソンで 小川さんと 私は 同時に ゴールしました。

                  さん

◆ 漢字を 書きましょう。

① ふべん

② ふあん

③ ふごうかく   かく

④ ふしぎな 話   ぎな
（はなし）

⑤ おなじ   じ

⑥ どうきゅうせい   きゅう

⑦ ごうどう

⑧ どうじ

186

ふくしゅう

1. 漢字を　読みましょう。

① つぎの　えを　さん考にして　こたえてください。 　①さん

② 友だちから　不思ぎな　話を　聞きました。 　②　　ぎな

③ かい答よう紙は　ぜんぶで　四まい　あります。 　③かい　　よう

④ 昼休みは　正午から　1時間です。 　④

⑤ 問題が　終わったら　じ分で　丸を　つけましょう。 　⑤

⑥ いろいろ　試みましたが　さいしょの　方ほうに　しました。 　⑥　　みました

⑦ 石川さんと　同じ　中学校を　そつぎょうしました。 　⑦　　じ

⑧ 正しい　日本語の　使い方を　おぼえたいです。 　⑧　　しい

⑨ 学校は　駅から　遠くて　不便です。 　⑨

⑩ 体育の　じゅぎょうで　ほう丸なげを　しました。 　⑩ほう　　なげ

2. 漢字を　書きましょう。

① 来年の　しょうがつは　国へ　帰るつもりです。 　①

② アルバイトの　めんせつは　ふごうかくでした。 　②　　かく

③ こたえは　きれいに　書いてください。 　③　　え

④ きまつしけんは　3日間です。 　④

⑤ せいかくに　発音することが　大切です。 　⑤　　かくに

⑥ 野口さんは　プラスしこうで　とても　明るいです。 　⑥

⑦ 私は　山田さんと　どうきゅうせいです。 　⑦　きゅう

⑧ このテストで　じ分の　じつ力を　ためしてください。 　⑧　　して

⑨ よく　かんがえて　大学を　きめてください。 　⑨　　えて

⑩ 先生の　質問に　はっきり　こたえてください。 　⑩　　えて

8章 学校 3 図書館
しょう がっこう と しょかん

Schools
学校
Trường học
Library
图书馆
Thư viện

図書館では 本を 借りたり 新聞や ざっしを 読んだり
と しょかん ほん か しんぶん よ
することができます。

子どもから お年よりまで たくさんの 人が 図書館を
こ とし ひと と しょかん
利ようしています。
り

貸 借 返 冊 歴 史 図

◆ 漢字を　読みましょう。

① クラスの　友だちに　本を　貸しました。

｜　　　　だち　｜　　　｜　　しました　｜

② 父母は　ちん貸マンションに　住んでいます。

｜　　　　ちん　｜　　　　　｜　　んで　｜

③ お金の　貸し借りは　やめたほうがいいです。

｜　お　｜　　　｜　し　　り　｜

④ 先生に　フランス文学の　本を　借りました。

｜　　　　｜　　　　　｜　　　｜　りました　｜

⑤ あの人は　借金が　100万円ぐらい　あるそうです。

｜　　　　｜　　　ひゃく　　　｜

◆ 漢字を　書きましょう。

① かす　｜　　　　　　す　｜　　② かしだし　｜　し　　し　｜

③ ちんたい　｜　ちん　｜　　④ かしきり　｜　し　　り　｜

⑤ しゃっきん　｜　　　　　｜　　⑥ しゃくち　｜　　　　　｜

189

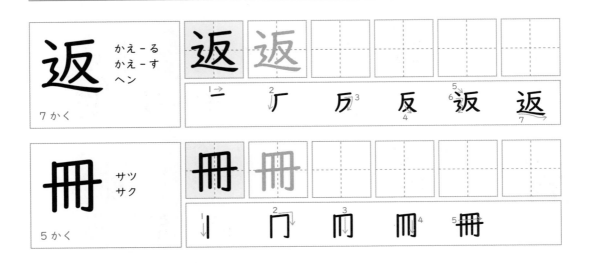

| 返 | かえーる
かえーす
ヘン | 返 | 返 | | | | |
| 7かく | | 一 | 厂 | 厉 | 反 | 返 | 返 |

| 冊 | サツ
サク | 冊 | 冊 | | | | |
| 5かく | | 丨 | 冂 | 冊 | 冊 | 冊 | |

◆ 漢字を 読みましょう。

① だれかに 名前を よばれて 後ろを ふり返りました。

　　　　　　　　　　　　　　　ろ　ふり　　りました

② 友だちに ノートを 返しました。

　　　だち　　　　　しました

③ 大きい 声で 返じを してください。

　　　きい　　　　　じ

④ 1か月に 本を 三冊 読みました。

　いっか　　　　　　　　　みました

⑤ 七夕の日に 短冊に どんな ねがいを 書きますか。

　　　　　　　　　　　　　　　　きます

◆ 漢字を 書きましょう。

① かえす　　　　　　す　　② ふりかえる　ふり　　　　る

③ へんじ　　　　　　じ　　④ へんぴん

⑤ いっさつ　　　　　　　　⑥ さっし

⑦ べっさつ　べっ

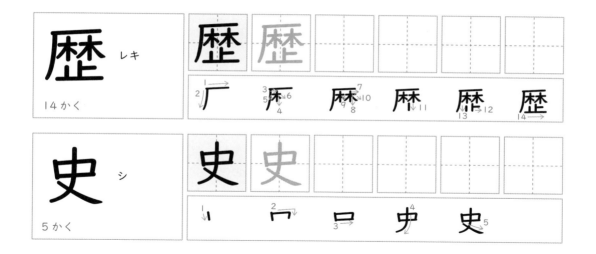

◆ 漢字を 読みましょう。

① 日本の 歴史に きょうみが あります。

② 歴だいの そう理大じんの 名前が 言えますか。
　　　だい そう　　　じん　　　　　　　　えます

③ 学歴は とても 大切なので 大学院を しゅうりょうしたいです。
　　　　　　　　　　　　な

④ 高校で 世界史を 勉強しました。

⑤ 大学院で アメリカ史について 研究しようと 思っています。
　　　　　アメリカ　　　　　　　　　　って

◆ 漢字を 書きましょう。

① れきし

② りれきしょ　り

③ がくれき

④ にほんし

⑤ せかいし

⑥ とうようし

⑦ せいようし

⑧ しがく

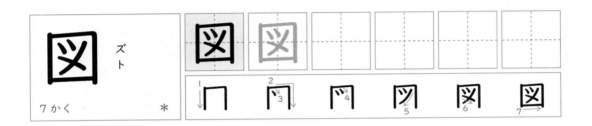

◆ 漢字を 読みましょう。

① ドライブの と中で 車を とめて 地図を 見ます。
　　　　　　　と　　　　　　　　　　　　　　　　ます

② 図や グラフを 使って せつ明しました。
　　　　　　　　　　　　　　って せつ

③ じゅぎょうが 終わったら かれと 図書館で べんきょうします。
　　　　　　　　わったら

◆ 漢字を 書きましょう。

① ず　　　　　　　　　　　　② ちず

③ としょかん

④ しょくぶつずかん　しょく　　　かん

⑤ どうぶつずかん　どう　　　かん

ふくしゅう

1. 漢字を　読みましょう。

① 冊子の　5ページ目をごらんください。　　　　　①

② 借金は　しないほうがいいです。　　　　　　　②

③ 私は　中国史について　勉強したいです。　　　③

④ 歴だいの　校長先生は　女せいです。　　　　　④　　　　　だい

⑤ 後ろを　ふり返りましたが、だれもいませんでした。　⑤ ふり　　りました

⑥ ちん貸　アパートの　2かいに　住んでいます。　⑥ ちん

⑦ 教室に　大きい　せかい地図が　はってあります。　⑦

⑧ メールの　返しんは　すぐに　したほうがいいです。　⑧　　　　しん

⑨ りれき書に　学歴を　書きます。　　　　　　　⑨

⑩ 友だちと　お金の　貸し借りを　してはいけません。　⑩　　し　　　り

2. 漢字を　書きましょう。

① きのう　友だちに　CDを　かりました。　　　①　　　　りました

② 一年に　なんさつぐらい　本を　読みますか。　②

③ しゃくちに　家を　たてました。　　　　　　　③

④ せかいしの　テストで　100点を　とりました。　④

⑤ テスト前に　としょかんで　勉強します。　　　⑤

⑥ はじめて　日本語で　りれきしょを　かきました。　⑥ り

⑦ 本の　かしだしは　午後5時までです。　　　　⑦　　し　　　し

⑧ 日本の　れきしを　まんがで　読みました。　　⑧

⑨ 友人に　お金を　かえしてもらいました。　　　⑨　　　　して

⑩ インターネットで　買った　くつを　へんぴんしました。　⑩

アチーブメントテスト

1. 漢字を 読みましょう。
かんじ　　よ

① 私と 田中さんは 同じ マンションに 住んでいます。
わたし　たなか　　　　　じ　　　　　　　　　　す

② よく 考えてから 行動しないと しっぱいしてしまいます。
えて　　こうどう

③ その丸くて 赤い 食べ物は 何ですか。
くて　あか　た もの　なん

④ 漢方薬を 飲んだら ねつが 下がりました。
の　　　　　　　さ

⑤ うちの 近くには コンビニが なくて 不便です。
ちか

⑥ 山川先生は 日本語を 教えるのが 上手です。
やまかわせんせい　にほんご　　える　　　じょうず

⑦ 宿の 部屋から ふじ山が 見えます。
へや　　　さん　み

⑧ 書道の 体験を しました。
しょどう

⑨ さい近 しごとが いそがしくて うんどう不足です。
きん　　　　　　　　　　　うんどう

⑩ テストで じ分の 力を 試してください。
ぶん　ちから　して

2. 漢字を 書きましょう。
かんじ　　か

① べんきょうか　　　　　　　② さんこう　　さん

③ どうじ　　　　　　　　　　④ きょういく

⑤ がくもん　　　　　　　　　⑥ へんぴん

⑦ わだい　　　　　　　　　　⑧ ちず

⑨ しつない　　　　　　　　　⑩ しょうがつ

3. 文を　読んで　漢字を　読んだり　書いたりしましょう。

　　私は　日本語学校に　通っています。どのじゅぎょうも　おもしろいので　いつ
も　①きょうしつの　一番前に　すわって　②べんきょうしています。べんきょう
は　楽しいですが　とても　大へんです。特に　③漢字が　④正しく　おぼえられ
ません。⑤しゅくだいも　毎日　たくさん　あります。⑥考えても　⑦こたえが
わからない⑧問題が　あったら　つぎの　日に　早く　学校へ　行って　先生に
⑨しつもんします。先生は　ていねいに　⑩教えてくれます。もうすぐ　⑪しけん
が　あります。合かく　できるかどうか　⑫不安ですが　がんばります。

　　日本語の　べんきょうのために　⑬としょかんで　本を　⑭何冊も　⑮かりて
読んだり　日本の　映画の　DVDを　見たりしています。日本の　⑯れきしが　好
きだと　話したら　先週　友だちが　「時代げき」の　DVDを　⑰貸してくれました。
さむらいが　かっこよかったです。

　　日本語が　上手になったら　大学に　入って　日本史を　べんきょうしたいと
思っています。私の　国では　⑱学歴が　とても　大切なので　大学を　そつぎょ
うしたら　大学院の　⑲研究室で　研究を　して　しょう来は　父と　⑳おなじ
会社で　働きたいと　考えています。

①	②	③	④ しく
⑤	⑥ えて	⑦ え	⑧
⑨	⑩ えて	⑪	⑫
⑬	⑭	⑮ りて	⑯
⑰ して	⑱	⑲	⑳ じ

クイズ

1. ①～⑩の 読み方を 書いてください。
   よ かた か

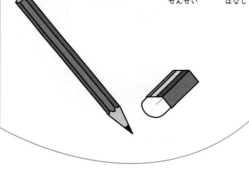

アーク大学入学①試験　　　　②かい答よう紙

③じゅ験番号（　　　　　）　名前 ＿＿＿＿＿＿＿＿＿＿
　　　　　　　　　　　　　　　なまえ

◆ ④正しい　⑤答えに　一つ　⑥丸を　つけてください。
　　　　　　　　　　　　ひと

◆ ⑦質問が　ある人は　手を　あげてください。
　　　　　　　　ひと　　て

⑧問題Ⅰ）＿＿＿＿の読み方と　⑨同じ　⑩漢字を　えらんでください。
　　　　　　　　　　よ かた

１）日本語がっこうに　かよっています。
　　にほんご

　　a. わたしの　弟は　こうこう生です。
　　　　　　　　おとうと　　　　せい

　　b. この本を　さんこうにしてください。
　　　　　ほん

　　c. うちの　近くに　こうじょうが　あります。
　　　　　　　ちか

　　d. こうちょう先生の　話を　聞きます。
　　　　　　　　せんせい　はなし　き

①	② かい　よう	③ じゅ	④　　　　しい
⑤　　　え	⑥	⑦	⑧
⑨　　　じ	⑩		

2. 新聞の　ことばです。①〜⑦の　漢字を　正しく
書いてください。

孝宅のまどガラスわられる
①②

　　　莫字が書けない若もの ぞうか中
　　　③

免強しない子どもがふえている
④

冂きゅう生とけっこん　　学匹社会の世の中
⑤　　　　　　　　　　　　　　⑥

新宿のちん代マンションで火じ
　　　　　　⑦

①	②	③	④	⑤	⑥	⑦

3. 学校の　ルールです。まちがえている漢字が　一つずつ
あります。　正しい　漢字を　書いてください。

> ① 数室の　中は　日本語だけで　話しましょう。
> ② 宿題は　毎日　出しましょう。
> ③ 質問が　あったら　先生に　すぐ　聞きましょう。
> ④ 図書館で　借りられる本は　一人　5冊までです。
> ⑤ 試験中は　話さないでください。

①	②	③	④	⑤

9章 夏休み │ 運動

（しょう）（なつやすみ）（うんどう）

Summer Vacation
暑假
Nghỉ hè
Exercise
运动
Vận động

休みの日　みなさんは　何を　しますか。
（やす）（ひ）　　　　　（なに）

健康のために　歩いたり　走ったり…　運動すると　いいですよ。
（けんこう）　　（ある）　　（はし）　　　（うんどう）

運動　動　練　習　走　歩　泳　才

◆ 漢字を　読みましょう。
かんじ　　よ

① この荷物を　教室まで　運んでもらえますか。
　　　　　　□□　　　□□　　　　　□んで

② 車の　運てんが　できるようになりたいです。
　　　□　　　□てん

③ 天気が　いい　日に　運動するのは　気持ちが　いいです。
　　□□　　　　□　　　□□　　　　　　　　　□ち

④ 日よう日　子どもと　動物園へ　行くやくそくを　しています。
　　□よう　　□ども　　□□□　　□く

⑤ 写真を　とるので　動かないでください。
　　□□　　　　　　　□かないで

◆ 漢字を　書きましょう。
かんじ　　か

① はこぶ　　　　　□ぶ　　　② うんどう　　　□□

③ うんてんしゅ　　□てん　　④ うんがいい　　□□

⑤ うごく　　　　　□く　　　⑥ うごかす　　　□かす

⑦ どうぶつ　　　　□□　　　⑧ どうさ　　　　□□

◆ 漢字を　読みましょう。

① CDを　聞いて　発音の　練習を　しています。

② ぼうさいの日に　ひなんくん練を　しました。

③ 一人ぐらしを　始める前に　母から　料理を　習いました。

④ 今日　勉強したところを　よく　ふく習しておいてください。

⑤ 日本の　習かんに　もう　なれましたか。

◆ 漢字を　書きましょう。

① れんしゅう

② くんれん　くん

③ 計画をねる　る

④ ならう　う

⑤ がくしゅう

⑥ しゅうじ

⑦ よしゅう　よ

⑧ しゅうかん　かん

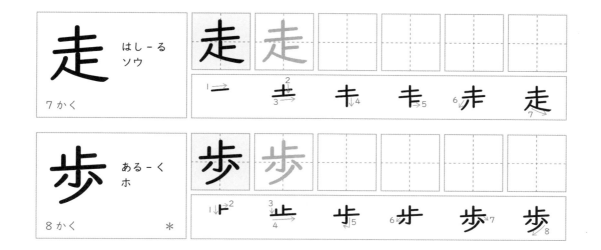

◆ 漢字を　読みましょう。

① 新かんせん「のぞみ」は　時速　何キロで　走りますか。

　　　　　かんせん　　　　　　　　　　　　　キロ　　　りますか

② 100メートルきょう走で　ゆうしょうしました。

　　　　　　　きょう

③ けんこうのために　父に　万歩計を　プレゼントしました。

④ 歩行しゃは　歩道を　歩きましょう。

　　　　　しゃ　　　　　　　　きましょう

⑤ 父は　毎朝　公園を　さん歩します。

　　　　　　　　　　　　　　　さん

◆ 漢字を　書きましょう。

① はしる　　　　　　　　る　　② きょうそう　きょう

③ そうしゃ　　　　　　しゃ　　④ あるく　　　　　　　く

⑤ ほこうしゃてんごく　しゃ　　⑥ ほどう

⑦ まんぽけい　　　　　　　　　⑧ さんぽ　さん

| 泳 およ－ぐ エイ 8かく | 泳 | 泳 | | | | |
| ジ | ジ | 汀 | 泳 | 泳 | 泳 |

| 才 サイ 3かく | 才 | 才 | | | | |
| 一 | 寸 | 才 |

◆ 漢字を　読みましょう。

① プールへ　泳ぎに　行きませんか。
　　　　　　ぎ　　　きません

② どちらかというと　泳ぐのは　にが手です。
　　　　　　　　　　ぐ　にが

③ 学校の　水泳大会で　ゆうしょうしました。

④ 才のうが　ある人は　子どものころから　何か　ちがいます。
　　　　　のう　　　　　ども　　　　　　　　　　か

⑤ ピカソは　天才だと　言われています。
　　　　　　　　　　　われて

◆ 漢字を　書きましょう。

① およぐ　　　　　　ぐ　　② およぎ　　　　　　ぎ

③ すいえい　　　　　　　　④ ひらおよぎ　ひら　　　　　ぎ

⑤ さいのう　　　　のう　　⑥ てんさい

⑦ さいじょ

202

ふくしゅう

1. 漢字を　読みましょう。

① やっと　日本の　習かんに　なれました。　　① ⬜ かん

② この川で　泳いではいけません。　　② ⬜ いで

③ このエスカレーターは　人が　近づくと　動きます。　　③ ⬜ きます

④ 今年は　父の日に　万歩計を　あげようと　思っています。　　④ ⬜

⑤ 小学生のとき　水泳教室に　かよっていました。　　⑤ ⬜

⑥ どちらが　速いか　弟と　家まで　きょう走しました。　　⑥ きょう ⬜

⑦ 体を　動かすのは　気持ちが　いいです。　　⑦ ⬜ かす

⑧ 歩道に　自転車を　止めてはいけません。　　⑧ ⬜

⑨ 週に　一ど　日本料理を　習っています。　　⑨ ⬜ って

⑩ 荷物を　運ぶのを　手伝ってください。　　⑩ ⬜ ぶ

2. 漢字を　書きましょう。

① 天気が　いい日は　できるだけ　うんどうしています。　　① ⬜

② あぶないですから　ろう下を　はしらないでください。　　② ⬜ らないで

③ 音楽を　聞きながら　公園を　あるくのが　好きです。　　③ ⬜ く

④ あの若い　ピアニストは　さいのうが　あります。　　④ ⬜ のう

⑤ きのう　子どもを　どうぶつえんへ　つれて行きました。　　⑤ ⬜

⑥ 毎日　学校で　発音の　れんしゅうを　しています。　　⑥ ⬜

⑦ 父は　子どもの　ころから　およぎが　とくいです。　　⑦ ⬜ ぎ

⑧ そ父は　毎朝　犬を　つれて　さんぽに　行きます。　　⑧ さん ⬜

⑨ あそこに　立っている人が　社長の　うんてんしゅです。　　⑨ ⬜ てん

⑩ 学校で　ひなんくんれんを　しました。　　⑩ ひなんくん ⬜

2 リゾート

自然が たくさん あるリゾートは どこも 人気が あります。
しぜん   にんき
長い 休みが とれたら リゾートへ 行ってみましょう。
なが やす   い
心も 体も リラックスできますよ。
こころ からだ

自 然 草 原 湖 谷 海 辺

◆ 漢字を　読みましょう。

① わからない漢字は　自分で　しらべます。

② 年を　とったら　自然が　多い　いなかで　くらしたいです。

③ 自宅の　かぎを　おとしてしまいました。

④ 大学の　試験を　うけましたが　ぜん然　自しんが　ありません。

⑤ 地元の　会社が　作った「天然水サイダー」が　人気です。

◆ 漢字を　書きましょう。

① じぶん

② じたく

③ じしん ____しん

④ じどうしゃ

⑤ じしゅう

⑥ じりき

⑦ てんねんきねんぶつ ____きねん

⑧ とうぜん

草 くさ ソウ
9かく

原 はら ゲン
10かく

◆ 漢字を 読みましょう。

① ぼく場の 牛が 草を 食べています。
　　ぼく　　　　　　　　　　べて

② きれいな 草花で ネックレスを 作りました。
　　　　　　　　　　　　　　　　　りました

③ うまに 乗って 草原を 走るのが 好きです。
　　　　　　って　　　　　　　る　　　き

④ 毎年 夏は 高原の リゾートで すごします。

⑤ 日本酒の 原料は 米です。

◆ 漢字を 書きましょう。

① くさ　　　　　　　　　② くさばな

③ そうげん　　　　　　　④ げんさく

⑤ げんいん　　　　いん　⑥ げんりょう

⑦ こうげん

◆ 漢字を 読みましょう。
かんじ　　よ

① 日本で 一番 大きい 湖は びわ湖です。

　　　　　　　　　　　　　きい　　　　　　びわ

② ふじ山の すぐ 近くに 山中湖という 湖が あります。

　　ふじ　　　　　　　く

③ 湖上の おしゃれな レストランで 食事を しました。

④ ふかい 谷を よこに 見ながら 山道を のぼりました。

　　　　　　　　　　　　　ながら

⑤ バスから 見るけい谷の け色は すばらしかったです。

　　　　　　　　る けい　　　　け

◆ 漢字を 書きましょう。
かんじ　　か

① みずうみ　　　　　　　　　② こすい

③ やまなかこ　　　　　　　　④ たに

⑤ たにま　　　　　　　　　　⑥ たにがわ

⑦ けいこく　　けい

◆ 漢字を 読みましょう。

① 海と 山と どちらが 好きですか。
　　[　　　] [　　　]　　[　　 き]

② 毎年 夏休みに 海外旅行を します。
　　[　　　] [　　 み]

③ ハネムーンに 行って ハワイの 海辺を 二人で 歩きました。
　　　　　　[　　 って]　　[　　] [　　]　　[　 きました]

④ あの辺りは むかしから 古い 家が 多いです。
　　　　　[　 り]　　　　　[　 い]　　　[　 い]

⑤ この辺で 一休みしましょう。
　　[　　　] [　　 み]

◆ 漢字を 書きましょう。

① うみ　　　[　　　　]　　② かいそう　[　　　　]

③ にほんかい [　　　　]　　④ うみべ　　[　　　　]

⑤ かわべ　　[　　　　]　　⑥ あたり　　[　　　 り]

⑦ このへん　この[　]　　　⑧ きんぺん　[　　　　]

ふくしゅう

1. 漢字を　読みましょう。

① 今年は　海外より　国内旅行のほうが　人気が　あります。　①
② この辺りに　ゆう便きょくが　ありますか。　②　　　　　　　り
③ 日本カモシカは　国の　天然きねん物です。　③　　　きねんぶつ
④ 草原に　きれいな　花が　さいていました。　④
⑤ 姉は　自分で　大学の　じゅぎょう料を　はらっています。　⑤
⑥ テストを　うけましたが　ぜん然　できませんでした。　⑥ ぜん
⑦ 湖上の　古い　レストランで　食事を　しました。　⑦
⑧ けんこうのために　毎日　海草を　食べています。　⑧
⑨ つかれましたね。この辺で　一休み　しませんか。　⑨
⑩ けい谷の　すばらしい　け色を　写真に　とりました。　⑩ けい

2. 漢字を　書きましょう。

① ぼく場で　牛が　くさを　食べています。　①
② しぜんの　中で　キャンプを　するのが　好きです。　②
③ こうげんの　リゾートホテルに　とまりました。　③
④ たにがわを　ながれる水で　かおを　あらいました。　④
⑤ 東京駅の　きんぺんに　新しい　ビルが　できました。　⑤
⑥ 駅から　じたくまでの　地図を　書きました。　⑥
⑦ 日本酒の　主な　げんりょうは　米です。　⑦
⑧ 朝早く　一人で　うみべを　さん歩しました。　⑧
⑨ てんねんすいで　作ったビールが　人気です。　⑨
⑩ 冬は　近くの　みずうみで　アイススケートが　できます。　⑩

3 いなか

日本では　長い　休みが　とれる夏に　ふる里で　すごす
人も　多いです。
都会では　見られない自然が　たくさん　あります。

里 野 緑 池 鳥 羽 馬 鳴

里　さと　リ　7かく

野　の　ヤ　11かく

◆ 漢字を　読みましょう。

① 正月は　ふる里に　帰って　ゆっくりしたいです。
　　　　　　　　　　　ふる　　　　　　　　　って

② さい近　大きな　くまが　人里の　近くまで　下りてきました。
　　さい　　　　　きな　　　　　　　　　　　く　　りて

③「一里」は　やく　4キロメートル です。

④ 子どもが　野原で　あそんでいます。
　　　　ども

⑤ 東京ドームに　野きゅうを　見に　行きました。
　　　　　　ドーム　　きゅう　　　　　きました

◆ 漢字を　書きましょう。

① さと

② ふるさと　　ふる

③ ひとざと

④ さとがえり　　　　　　　　り

⑤ いちり

⑥ のやま

⑦ やきゅう　　　　　きゅう

⑧ やさい　　　　　　さい

緑	みどり リョク	緑	緑				
14かく	*	⺯	糸	紵	紵	紵	緑

池	いけ チ	池	池				
6かく		丶	氵	氵	沪	沖	池

◆ 漢字を 読みましょう。

① 緑色の クレヨンで 山を かきました。

② 5月は 緑が きれいな きせつです。
　ご

③ まんじゅうを 食べながら 緑茶を 飲みます。
　　　　　　　　　べ　　　　　　　　　　　　みます

④ にわの 池に きれいな 金魚が たくさん います 。

⑤ じしんのとき 電池が なくて こまりました。

◆ 漢字を 書きましょう。

① みどり

② みどりいろ

③ りょくちゃ

④ しんりょく

⑤ いけ

⑥ でんち

⑦ こいけさん 　　　　　さん

⑧ ちょすいち ちょ

◆ 漢字を 読みましょう。

① 公園で めずらしい 鳥を 見つけました。
　　　　　　　　　　　　　　　　　　つけました

② 毎年 この湖には たくさんの 白鳥が 来ます。
　　　　　　　　　　　　　　　　　　　　　　ます

③ 学校で 小鳥を かっています。

④ 羽を 広げたくじゃくは とても きれいです。
　　　　　　　　　　げた

⑤ 羽田空こうは 都心から 近くて 便利です。
　　　　　　　　こう　　　　　　くて

◆ 漢字を 書きましょう。

① とり

② ことり

③ はくちょう

④ はね

⑤ はねだくうこう　　　　　　こう

◆ 漢字を　読みましょう。

① 北海道には　牛や　馬が　たくさんいます。

② となりの　部屋から　女の人の　ひ鳴が　聞こえました。
　　　　　　　　　　　　　　　　　　の　　　ひ　　　こえました

③ 毎朝　にわとりが　鳴く声が　聞こえます。
　　　　　　　　　　　　　　　く　　　　　こえます

④ じゅぎょう中　けいたい電話が　鳴って　先生に　おこられました。
　　　じゅぎょう　　　けいたい　　　　って

⑤ 大みそかに　近くの　寺へ　行って　じょやの かねを　鳴らしました。
　　　　みそか　　　く　　　　　　って　　　　　　らしました

◆ 漢字を　書きましょう。

① うま　　　　　　　　　　　　② たけうま

③ ばしゃ　　　　　　　　　　　④ じょうば

⑤ ひめい　　ひ　　　　　　　　⑥ ねこがなく　　　　　　　　く

⑦ かねがなる　　　　　　　る　⑧ ならす　　　　　　　らす

ふくしゅう

1. 漢字を　読みましょう。

① 家の外で　女の人の　ひ鳴が　聞こえました。 ① ひ
② 公園の　小さな　池に　こいが　たくさん　います。 ②
③ 3時の　休けいに　緑茶を　飲みました。 ③
④ 白鳥が　羽を　広げて　とび立ちました。 ④
⑤ 一年に　一ど　里帰りを　します。 ⑤　り
⑥ 野原に　白くて　きれいな　花が　さいていました。 ⑥
⑦ 友だちから　乗馬教室に　さそわれました。 ⑦
⑧ 私が　住んでいる町は　緑が　多いところです。 ⑧
⑨ 湖に　たくさんの　白鳥が　います。 ⑨
⑩ 野さいを　食べなさいと　母は　いつも　言います。 ⑩　さい

2. 漢字を　書きましょう。

① 目ざまし時計が　なっても　兄は　ぜん然　おきません。 ①　って
② うまに　乗って　海辺を　さん歩したいです。 ②
③ でんちが　切れたので　ラジオが　聞けません。 ③
④ ふるさとの　写真を　見たら　帰りたくなりました。 ④ ふる
⑤ このホテルの　にわは　しんりょくが　きれいです。 ⑤
⑥ いけで　あそぶのは　あぶないので　やめましょう。 ⑥
⑦ 秋は　のやまの　こうようが　見ごとです。 ⑦
⑧ きれいな　とりの　写真を　とりました。 ⑧
⑨ やきゅうと　サッカーと　どちらが　人気が　ありますか。 ⑨　きゅう
⑩ はねだくうこうは　私の家から　近いです。 ⑩　こう

アチーブメントテスト

1.漢字を 読みましょう。
かんじ   よ

① 日本料理を 習いに 料理教室に 通っています。
に ほんりょう り   い   りょう り きょうしつ   かよ

② 小学生のとき よく 友だちと 竹馬で あそびました。
しょうがくせい   とも

③ 歩行しゃに 気をつけて 運てんしてください。
しゃ   き   うん

④ 姉は 自分で 働いて 大学の じゅぎょう料を はらいました。
あね   じぶん   はたら   だいがく   りょう

⑤ けんこうのために 毎日 海草を 食べています。
まいにち   た

⑥ 日本酒の 原料は 何ですか。
に ほんしゅ   なん

⑦ 池に 大きな 魚が たくさん いました。
おお   さかな

⑧ 校内の マラソン大会で 15キロ 走りました。
こうない   たいかい   りました

⑨ 九しゅうを 旅行したとき 天然の おんせんに 入りました。
きゅう   りょこう   はい

⑩ 大みそかに じょ夜の かねを 鳴らします。
おお   や   らします

2.漢字を 書きましょう。
かんじ   か

① みずうみ

② じょうば

③ こうげん

④ すいえい

⑤ うみべ

⑥ やきゅう   きゅう

⑦ しゅうかん   かん

⑧ とうぜん

⑨ てんさい

⑩ れんしゅう

3. 文を　読んで　漢字を　読んだり　書いたりしましょう。
ぶん　　よ　　　　かんじ　　よ　　　　か

夏休みの　ドライブ
なつやす

　８月の　夏休みに　山なし県の　①山中湖まで　友だちと　ドライブしました。②じた
がつ　なつやす　やま　けん　　　　　　　　とも
くから　車で　３時間ぐらい　かかりました。土日じゃなかったので　道は　すいてい
くるま　じかん　　　　　　　　　　どにち　　　　　　　　　みち
ましたが　高速どうろの　入口③あたりで　少し　こみました。
こうそく　　　いりぐち　　　　すこ

　車で　山を　のぼっている　ときに　④けい谷が　見えました。その⑤たにを
くるま　やま　　　　　　　　　　　　　み
⑥あるいている　人も　いました。けしきが　きれいだったので　そこに　車を　止め
ひと　　　　　　　　　　　　　　　　　　　　くるま　と
て　写真を　とりました。
しゃしん

　お昼ごろ　山中湖に　着きました。山中湖は　山や　⑦高原も　近くて　⑧しぜんが
ひる　　　　　　つ　　　　　　　やま　こう　　ちか
ゆたかです。

　ホテルに　チェックインした後で　⑨みずうみの　よこの　⑩歩どうを　⑪さん歩し
あと　　　　　　　　　　　　　　　
ました。めずらしい　⑫くさばなが　たくさん　さいていて　⑬とりの　⑭鳴き声が
き
聞こえました。私は　⑮ふる里を　思い出して　なつかしい　気持ちになりました。
き　　　わたし　　　　　　おも　だ　　　　　　　　　　きも

　私たちが　とまったホテルには　大きな　屋内プールが　ありました。私は　⑯走っ
わたし　　　　　　　　　　おお　おくない　　　　　　　わたし
たり⑰うんどうしたりするのは　にが手ですが　小学生のとき　⑱すいえい教室に
て　　しょうがくせい　　　きょうしつ
通っていたので　泳ぐのは　今でも　とくいです。その日は　ゆっくり　プールで　す
かよ　　　　　　およ　　　　いま　　　　　　　　　　　ひ
ごしました。

　つぎの日　チェックアウトを　してから　⑲湖上の　レストランで　食じを　しまし
ひ　　　　　　　　　　　　　　　　　しょく
た。帰り道に　ぼく場にも　よりました。牛や　⑳うまが　たくさん　いました。そこ
かえ　みち　　　じょう　　　　　　うし
で　食べたソフトクリームが　とても　おいしかったです。また　山中湖に　あそびに
た
来たいです。
き

①	②	③　　　　　り	④ けい
⑤	⑥　　　いて	⑦	⑧
⑨	⑩　　　どう	⑪ さん	⑫
⑬	⑭　　き	⑮ ふる	⑯　　　　った
⑰	⑱	⑲	⑳

クイズ

1. えを 見て 漢字を 書きましょう。

私 の ふる ①

① ☐　② ☐☐　を子どもが ③ ☐ る　④ ☐ ぐ

⑤ ☐ が ⑥ ☐ く　⑦ ☐ が ⑧ ☐ く　⑨ ☐

2. 漢字を ⬭ の中から　えらんで □に　書きましょう。

> 早　毎　力　羽　予　東

（れい）牛が　草　を食べています。

① きのう　父と　キャッチボールの 糸白 をしました。

② そこの　荷物を 重 かしてください。

③ 中学生のとき 里 きゅう部に　入っていました。

④ １年に　一どは 氵 外旅行に　行きたいです。

3. 公園の　ルールです。①－⑥の　漢字の　読み方を書きましょう。

┌─────────────────────────────────┐
│　①運動公園 じむきょくから みなさまに　おねがい │
│　 │
│ ・② 自然を　大切に！　キャンプは　きん止です。   │
│ ・③ 池の中に　入らないで　ください。   │
│ ・④ 歩道を　⑤自てん車で　⑥走るのは　やめましょう。 │
│　　 あぶないです。   │
│　 │
│　　〜〜 ごきょう力　よろしくおねがいします 〜〜 │
└─────────────────────────────────┘

①	②	③	④	⑤ てん	⑥ る

5〜9章　まとめテスト

1. 漢字を　読みましょう。

① 先月　おきなわで　スキューバダイビングを　体験しました。
せんげつ

② ホテルと　旅館は　何が　ちがいますか。
なに

③ 台風が　近づいているので　外に　出ないでください。
ちか　　　　　　　そと　　て

④ きのうの　夜から　寒気が　します。
よる

⑤ 待ち合わせの　時間に　だいぶ　遅れてしまいました。
ち　　わせ　　　じかん　　　　　おく

⑥ 新しい　クラスで　使う教科書を　買いに　行きました。
あたら　　　　　　　つか　　　　　か　　　い

⑦ 私に　合う漢方薬を　作ってもらいました。
わたし　あ　　　　　　　つく

⑧ 雨が　降ったら　明日の　試合は　中止です。
あめ　ふ　　　　あした　　しあい

⑨ すみません。これ　試着してもいいですか。

⑩ 交通ルールを　まもって　生かつしましょう。
せい

2. 漢字を　書きましょう。

① うんどう

② れきし

③ えいご

④ しつもん

⑤ しゅくだい

⑥ しけん

⑦ びょういん

⑧ こころぼそい　　　　　　　　い

⑨ けんきゅう

⑩ しぜん

3. 文を　読んで　漢字を　読んだり　書いたりしましょう。

大学生かつ
（だいがくせい）

　①去年の　②はる　京都の（きょうと）　大学に（だいがく）　③合かくして　一人ぐらしを（ひとり）　始めました。（はじ）
はじめは　さびしかったですが　すぐに　友だちが（とも）　できました。私が（わたし）　入った（はい）
④いがくぶには　⑤すうがくや　⑥化学が　とくいな　友だちが（とも）　多いので（おお）　とき
どき　⑦きょうしつで　いっしょに　⑧勉強したり　わからない　⑨もんだいを
教えてもらったり（おし）　します。

　じゅぎょうが　終わると（お）　よく　みんなで　カラオケに　行きます。（い）私は（わたし）
⑩おさけは　あまり　⑪強くないですが　ビールを　飲みながら（の）　⑫大声で
⑬うたうのは　とても　⑭楽しいです。ときどき　ちがう　大学の（だいがく）　友だちも（とも）
よんで　合コンも（ごう）　します。

　先週から（せんしゅう）　大学は（だいがく）　夏休みに（なつやす）　入りました。（はい）⑮おなじ　クラスの　友だちと（とも）
⑯自てん車で　日本ぜん国を（にほん）（こく）　⑰旅を　する⑱けいかくを　立てました。（た）いろい
ろな人と（ひと）　⑲知り合いになる（し）　チャンスなので　今から（いま）　楽しみです。旅行から（りょこう）
帰ったら（かえ）　お気に入りの（き）（い）　⑳しゃしんを　SNSに　のせたいと　思います。（おも）

①	②	③　　　かく	④
⑤	⑥	⑦	⑧
⑨	⑩ お	⑪　　　く	⑫
⑬　　　う	⑭　　　しい	⑮　　　じ	⑯　　　てん
⑰	⑱	⑲　り　い	⑳

そのほかの 読み方

章 しょう	ページ	かん字 じ	読み よ
1	21	家	ケ
1	22	弟	デ
1	24	私	わたくし
1	24	育	はぐ－む
1	28	広	ひろ－まる
1	28	広	ひろ－める
1	28	低	ひく－まる
1	28	低	ひく－める
1	29	遠	オン
1	30	静	しず
1	30	静	しず－まる
1	30	静	しず－める
1	30	静	ジョウ
1	34	玉	ギョク
1	35	糸	シ
2	44	親	した－しむ
2	44	切	き－れる
2	44	切	サイ
2	49	利	き－く
2	51	白	しら
2	51	白	ビャク
2	57	後	おく－れる
2	57	後	のち
2	58	早	はや－まる
2	58	早	はや－める
2	58	早	サッ
3	65	荷	カ
3	67	速	すみ－やか
3	67	速	はや－まる
3	67	速	はや－める
3	67	遅	おく－らす
3	68	重	え

章 しょう	ページ	かん字 じ	読み よ
3	68	重	チョウ
3	71	住	す－まう
3	72	主	ス
3	77	都	ツ
3	78	道	トウ
4	88	映	は－える
4	89	館	やかた
4	90	園	その
4	96	有	あ－る
4	96	有	ウ
4	99	会	エ
4	99	社	やしろ
4	101	エ	ク
5	113	開	ひら－ける
5	113	閉	と－ざす
5	114	発	ホツ
5	114	着	き－せる
5	114	着	つ－ける
5	114	着	ジャク
5	117	交	か－う
5	117	交	か－わす
5	117	通	とお－す
5	117	通	ツ
5	119	色	シキ
5	119	赤	あか－らむ
5	119	赤	あか－らめる
5	119	赤	シャク
5	120	黄	こ
5	120	黄	コウ
5	120	青	ショウ
5	123	病	やまい
5	123	病	や－む

そのほかの 読み方

章	ページ	かん字	読み
5	123	病	ヘイ
5	126	合	あーわす
5	126	合	カッ
5	126	計	はかーらう
6	133	研	とーぐ
6	133	究	きわーめる
6	134	語	かたーらう
6	134	文	ふみ
6	135	化	ばーかす
6	135	化	ばーける
6	136	数	ス
6	139	若	もーしくは
6	139	若	ジャク
6	139	若	ニャク
6	139	集	つどーう
6	141	声	こわ
6	141	声	ショウ
6	146	太	タ
6	146	細	こまーか
6	146	細	ほそーる
6	148	麦	バク
7	155	夏	ゲ
7	157	星	ショウ
7	161	天	あま
7	161	天	あめ
7	161	晴	はーらす
7	162	風	かざ
7	162	風	フ
7	163	強	しーいる
7	163	強	ゴウ
7	170	船	ふな
8	178	宿	やどーす

章	ページ	かん字	読み
8	178	宿	やどーる
8	179	質	シチ
8	179	質	チ
8	179	問	とん
8	180	室	むろ
8	183	験	ゲン
8	185	正	ただーす
8	185	正	まさ
8	186	不	ブ
8	192	図	はかーる
9	201	歩	フ
9	201	歩	ブ
9	201	歩	あゆーむ
9	205	自	みずかーら
9	212	緑	ロク
9	213	羽	は
9	213	羽	ウ
9	214	馬	ま

索引

読み	かん字	ページ	章
あ			
あ－う	会	99	4
あ－う	合	126	5
あお	青	120	5
あお－い	青	120	5
あか	赤	119	5
あか－い	赤	119	5
あき	秋	156	7
あ－く	開	113	5
あ－く	空	157	7
あ－ける	開	113	5
あ－ける	空	157	7
あさ	朝	55	2
あじ	味	145	6
あじ－わう	味	145	6
あたり	辺	208	9
あ－たる	当	45	2
あつ－い	暑	164	7
あつ－まる	集	139	6
あつ－める	集	139	6
あ－てる	当	45	2
あと	後	57	2
あに	兄	22	1
あね	姉	23	1
あぶら	油	145	6
ある－く	歩	201	9
あ－わせる	合	126	5
い			
イ	衣	36	1
イ	医	124	5
いえ	家	21	1
イク	育	24	1
いけ	池	212	9
いそ－ぐ	急	66	3
いち	市	79	3
いと	糸	35	1
いもうと	妹	23	1
いろ	色	119	5
イン	院	123	5
う			
うご－かす	動	199	9
うご－く	動	199	9
うし－ろ	後	57	2
うた	歌	141	6
うた－う	歌	141	6
うつ－す	映	88	4
うつ－す	写	169	7
うつ－る	映	88	4
うつ－る	写	169	7
うま	馬	214	9
うみ	海	208	9
う－る	売	45	2
う－れる	売	45	2
ウン	雲	158	7
ウン	運	199	9
え			
エイ	映	88	4
エイ	英	135	6
エイ	泳	202	9
エキ	駅	111	5
エン	遠	29	1
エン	園	90	4
お			
オウ	黄	120	5
お－える	終	102	4
おおやけ	公	90	4
オク	屋	27	1
おく－る	送	65	3
おく－れる	遅	67	3
おし－える	教	180	8
おそ－い	遅	67	3
おそ－わる	教	180	8
おっと	夫	93	4
おとうと	弟	22	1
おな－じ	同	186	8
おも	主	72	3
おも－い	重	68	3

読み	かん字	ページ	章
おも－う	思	94	4
おや	親	44	2
およ－ぐ	泳	202	9
お－りる	降	112	5
お－ろす	降	112	5
お－わる	終	102	1
か			
カ	家	21	1
カ	科	124	5
カ	化	135	6
カ	歌	141	6
カ	夏	155	7
ガ	画	88	4
カイ	会	99	4
カイ	開	113	5
カイ	界	168	7
カイ	海	208	9
かえ－す	返	190	8
かえ－る	返	190	8
カク	客	43	2
カク	画	88	4
ガク	楽	142	6
かさ－なる	重	68	3
かさ－ねる	重	68	3
か－す	貸	189	8
かず	数	136	6
かぜ	風	162	7
かぞ－える	数	136	6
かた－る	語	134	6
ガッ	合	126	5
かみ	紙	52	2
かよ－う	通	117	5
から	空	157	7
か－りる	借	189	8
かる－い	軽	68	3
かろ－やか	軽	68	3
カン	館	89	4
カン	寒	164	7
カン	漢	177	8
ガン	丸	185	8
かんが－える	考	184	8
き			
き	黄	120	5
キャク	客	43	2
キュウ	急	66	3
キュウ	究	133	6
キョ	去	158	7
キョウ	兄	22	1
キョウ	京	74	3
キョウ	強	163	7
キョウ	教	180	8
き－る	切	44	2
き－る	着	114	5
キン	近	29	1
ギン	銀	50	2
く			
ク	区	80	3
クウ	空	157	7
くさ	草	206	9
くすり	薬	125	5
くに	国	77	3
くも	雲	158	7
くろ	黒	51	2
くろ－い	黒	51	2
け			
け	毛	35	1
ケ	化	135	6
ケイ	兄	22	1
ケイ	軽	68	3
ケイ	京	74	3
ケイ	計	126	5
ケン	県	79	3
ケン	研	133	6
ケン	験	183	8
ゲン	原	206	9
こ			
コ	去	158	7

さくいん

読み	かん字	ページ	章
コ	湖	207	9
ゴ	後	57	2
ゴ	午	58	2
ゴ	語	134	6
コウ	広	28	1
コウ	工	101	4
コウ	後	57	2
コウ	公	90	4
コウ	光	36	1
コウ	降	112	5
コウ	交	117	5
コウ	考	184	8
ゴウ	号	74	3
ゴウ	合	126	5
こえ	声	141	6
コク	黒	51	2
コク	国	77	3
コク	谷	207	9
こころ	心	136	6
こころ-みる	試	183	8
こた-え	答	184	8
こた-える	答	184	8
こま-かい	細	146	6
ころも	衣	36	1
さ サ	作	100	4
サイ	妻	93	4
サイ	細	146	6
サイ	才	202	9
さか	酒	140	6
サク	作	100	4
サク	冊	190	8
さけ	酒	140	6
サツ	冊	190	8
さと	里	211	9
さま	様	72	3
さむ-い	寒	164	7
さら	皿	147	6
さ-る	去	158	7
し シ	姉	23	1
シ	私	24	1
シ	始	102	4
シ	使	50	2
シ	紙	52	2
シ	市	79	3
シ	思	94	4
シ	止	118	5
シ	試	183	8
シ	史	191	8
ジ	自	205	9
ジ	地	73	3
ジ	持	167	7
ジ	自	205	9
しず-か	静	30	1
した-しい	親	44	2
シツ	質	179	8
シツ	室	180	8
しな	品	46	2
し-まる	閉	113	5
し-める	閉	113	5
シャ	社	99	4
シャ	写	169	7
シャク	借	189	8
ジャク	弱	163	7
シュ	主	72	3
シュ	酒	140	6
シュウ	終	102	4
シュウ	週	87	4
シュウ	集	139	6
シュウ	秋	156	7
シュウ	習	200	9
ジュウ	重	68	3
ジュウ	住	71	3
シュク	宿	178	8

読み	かん字	ページ	章
シュン	春	155	7
ショ	所	71	3
ショ	暑	164	7
ショウ	正	185	8
ジョウ	場	101	4
ジョウ	乗	112	5
ショク	色	119	5
し-る	知	140	6
しろ	白	51	2
しろ-い	白	51	2
シン	親	44	2
シン	心	136	6
シン	真	169	7
す ズ	図	192	8
スウ	数	136	6
す-む	住	71	3
せ セ	世	168	7
セイ	静	30	1
セイ	青	120	5
セイ	声	141	6
セイ	星	157	7
セイ	晴	161	7
セイ	世	168	7
セイ	正	185	8
セキ	赤	119	5
セツ	切	44	2
セツ	雪	162	7
セン	船	170	7
ゼン	前	57	2
ゼン	然	205	9
そ ソウ	早	58	2
ソウ	送	65	3
ソウ	走	201	9
ソウ	草	206	9
ソク	速	67	3
ゾク	族	21	1
そだ-つ	育	24	1
そだ-てる	育	24	1
そら	空	157	7
ソン	村	80	3
た タイ	台	118	5
タイ	待	125	5
タイ	太	146	6
タイ	貸	189	8
ダイ	弟	22	1
ダイ	台	118	5
ダイ	題	178	8
タク	宅	66	3
ただ-しい	正	185	8
たに	谷	207	9
たの-しい	楽	142	6
たの-しむ	楽	142	6
たび	旅	167	7
たま	玉	34	1
ため-す	試	183	8
たよ-り	便	49	2
タン	短	34	1
ち チ	遅	67	3
チ	地	73	3
チ	知	140	6
チ	池	212	9
ちか-い	近	29	1
チャク	着	114	5
チュウ	昼	56	2
チョウ	朝	55	2
チョウ	鳥	213	9
つ ツウ	通	117	5
つか-う	使	50	2
つ-く	着	114	5
つく-る	作	100	4
つま	妻	93	4
つよ-い	強	163	7
つよ-まる	強	163	7

	読み	かん字	ページ	章
	つよ-める	強	163	7
て	テイ	弟	22	1
	テイ	低	28	1
	テツ	鉄	111	5
	テン	店	43	2
	テン	天	161	7
と	ト	都	77	3
	ト	図	192	8
	と-い	問	179	8
	と-う	問	179	8
	トウ	当	45	2
	トウ	冬	156	7
	トウ	答	184	8
	ドウ	道	78	3
	ドウ	働	100	4
	ドウ	同	186	8
	ドウ	動	199	9
	とお-い	遠	29	1
	とお-る	通	117	5
	トク	特	94	4
	ところ	所	71	3
	と-じる	閉	113	5
	と-まる	止	118	5
	と-める	止	118	5
	とり	鳥	213	9
な	な-く	鳴	214	9
	なつ	夏	155	7
	なら-う	習	200	9
	な-らす	鳴	214	9
	な-る	鳴	214	9
に	に	荷	65	3
ぬ	ぬし	主	72	3
ね	ね-る	練	200	9
	ネン	然	205	9
の	の	野	211	9
	の-せる	乗	112	5
	の-る	乗	112	5
は	ば	場	101	4
	バ	馬	214	9
	バイ	売	45	2
	はか-る	計	126	5
	ハク	白	51	2
	はこ-ぶ	運	199	9
	はじ-まる	始	102	4
	はじ-める	始	102	4
	はし-る	走	201	9
	はたら-く	働	100	4
	ハツ	発	114	5
	はね	羽	213	9
	はや-い	早	58	2
	はや-い	速	67	3
	はら	原	206	9
	はる	春	155	7
	は-れる	晴	161	7
	ハン	飯	147	6
	バン	晩	55	2
	バン	番	73	3
ひ	ひかり	光	36	1
	ひか-る	光	36	1
	ひく-い	低	28	1
	ビョウ	病	123	5
	ひら-く	開	113	5
	ひる	昼	56	2
	ひろ-い	広	28	1
	ひろ-がる	広	28	1
	ひろ-げる	広	28	1
	ヒン	品	46	2
	ビン	便	49	2
ふ	フ	府	78	3
	フ	夫	93	4
	フ	不	186	8
	ブ	部	27	1
	フウ	夫	93	4
	フウ	風	162	7
	フク	服	33	1
	ふと-い	太	146	6
	ふと-る	太	146	6
	ふね	船	170	7
	ふゆ	冬	156	7
	ふ-る	降	112	5
	ブン	文	134	6
へ	ベ	辺	208	9
	ヘイ	閉	113	5
	ヘン	返	190	8
	ヘン	辺	208	9
	ベン	便	49	2
	ベン	勉	177	8
ほ	ホ	歩	201	9
	ほし	星	157	7
	ほそ-い	細	146	6
ま	ま	真	169	7
	マイ	妹	23	1
	マイ	毎	87	4
	まえ	前	57	2
	ま-ざる	交	117	5
	まじ-える	交	117	5
	ま-じる	交	117	5
	まじ-わる	交	117	5
	ま-ぜる	交	117	5
	ま-つ	待	125	5
	まる	丸	185	8
	まる-い	丸	185	8
	まる-める	丸	185	8
み	ミ	味	145	6
	みじか-い	短	34	1
	みずうみ	湖	207	9
	みせ	店	43	2
	みち	道	78	3
	みどり	緑	212	9
	みやこ	都	77	3
む	むぎ	麦	148	6
	むら	村	80	3
め	メイ	鳴	214	9
	めし	飯	147	6
も	モウ	毛	35	1
	も-つ	持	167	7
	モン	文	134	6
	モン	問	179	8
や	や	家	21	1
	や	屋	27	1
	ヤ	夜	56	2
	ヤ	野	211	9
	ヤク	薬	125	5
	やど	宿	178	8
ゆ	ユ	油	145	6
	ユウ	有	96	4
	ゆき	雪	162	7
よ	よ	夜	56	2
	よ	世	168	7
	ヨウ	様	72	3
	ヨウ	洋	33	3
	よる	夜	56	2
	よわ-い	弱	163	7
	よわ-まる	弱	163	7
	よわ-める	弱	163	7
	よわ-る	弱	163	7
ら	ラク	楽	142	6
り	リ	利	49	2
	リ	理	95	4
	リ	里	211	9
	リョ	旅	167	7
	リョウ	料	95	4
	リョク	緑	212	9
れ	レキ	歴	191	8
	レン	練	200	9
わ	わか-い	若	139	6
	わたし	私	24	1

◆ １章
しょう

● １章－１

P21　①いえ　②いっかい　おおやさん　③しょうらい　まんがか　④やまださん　なんにん　かぞく　⑤やすみのひ　ともだち　すいぞくかん　いきます

①家　②大家　③家ちん　④せいじ家　⑤家族　⑥一族

P22　①さんさい　としうえ　あに　②おとうと　ことし　ちゅうがくせい　③いえ　きょうだい　④あに　としした　⑤おとうと　だいがくせい

①兄　②父兄　③ぎ兄　④兄弟　⑤弟　⑥ぎ弟

P23　①いちばんうえ　あね　りゅうがく　②いもうと　いま　じっさい／じゅっさい　③いえ　しまい　ゆうめい　④あね　こうこう　せんせい　⑤さんにんしまい　まんなか

①姉　②姉　③妹　④姉妹　⑤三人姉妹

P24　①わたし　いえ　はな　そだてて　②しりつ　ちゅうがっこう　③そだつ　まいにち　みず　④きょう　たいいく　⑤はは　いくじ　てつだって

①私　②私立大学　③育つ　④育てる　⑤子育て　⑥体育

P25　ふくしゅう

1.①きょうだい　②いえ　③おにいさん　④いもうと　⑤たいいく　⑥おおやさん　⑦そだちました　⑧すいぞくかん　⑨まんがか　⑩あね

2.①兄　②私立　③家　④育じ　⑤弟　⑥五人家族　⑦お姉さん　⑧家ちん　⑨育てて　⑩姉妹

● １章－２

P27　①がくぶ　だいがく　②サッカーぶ　ぶちょう　③わたし　ほん　いちぶ　④おくじょう　ふじさん　みえます　⑤わたし　がっこう　うさぎごや

①ぶん学部　②バレー部　③部下　④部長　⑤本屋　⑥花屋　⑦屋ね　⑧屋上

P28　①かわかみさん　へや　ひろくて　②たいそう　ひろがって　③でんしゃ　なか　あし　ひろげて　④わたし　ひくい　たかい　⑤こども　がくりょく　ていか

①広い　②広がる　③広げる　④広大な　⑤低い　⑥低下　⑦低学年　⑧高低

P29　①わたし　いえ　ちかく　おおきな　②がっこう　ちかみち　③あね　さいきん　いきました　④わたし　いえ　とおい　⑤えんりょ　たべて

①近い　②近づく　③近じょ　④さい近　⑤遠い　⑥遠足　⑦ぼう遠きょう

P30　①しずかに　②しずかな　まち　③れいせいに　こうどう　④いっしゅうかん　あんせいに

①静かな　②れい静な　③安静　④静電気

P31　ふくしゅう

1.①ていか　②ひろくて　③ぼうえんきょう　④ひろがりました　⑤おくじょう　⑥ていがくねん　⑦さいきん　⑧サッカーぶ　⑨しずか　⑩こうだいな

2.①低くて　②部長　③広げないで　④遠りょ　⑤本屋　⑥遠くて　⑦近づいて　⑧ぶん学部　⑨れい静　⑩近く

● １章－３

P33　①せんもんがっこう　せいようりょうり　②かのじょ　ようがく　③こんど　ようふく　かいました　④いちど　わふく　⑤せいふく

①西洋　②東洋　③洋がく　④洋が　⑤せい服　⑥洋服　⑦わ服　⑧私服

P34　①みじかい　じかん　②みじかく　③たなかさん　ひと　たんき　④みずたまもよう　かいました　⑤こども　おてだま

①短い　②短気な　③短所　④水玉　⑤玉ねぎ　⑥十円玉　⑦お年玉

P35　①かみのけ　はいって　②まゆげ　③もうふ　いちまい　④けいと　つくって　⑤ようふく　いとくず

①かみの毛　②まつ毛　③まゆ毛　④犬の毛　⑤よう毛　⑥毛ふ　⑦毛糸　⑧糸

P36　①ひかって　②ひかり　でんき　つくります　③にっこう　ゆうめいな　④いふく　⑤じゅうがつ　ころもがえ

①光る　②光　③日光　④かん光　⑤衣服　⑥こう衣しつ　⑦衣がえ

P37　ふくしゅう

1.①いと　②たんきな　③こういしつ　④ようもう　⑤ひかって　⑥ようがく　⑦おてだま　⑧しふく　⑨けいと　⑩ころもがえ

2.①洋服　②糸くず　③水玉もよう　④短く　⑤光　⑥東洋　⑦毛ふ　⑧衣りょうひん　⑨まつ毛　⑩かん光

P38　アチーブメントテスト（配点：1. 2. は各2点、3. は各3点）

1.①ひろがりました　②まんがか　③ぶちょう　④みずたまもよう　⑤しまい　⑥やちん　⑦ちかく　⑧みじかく　⑨そだてて　⑩しずかに

2.①大家　②兄弟　③衣がえ　④私立大学　⑤屋上　⑥遠足　⑦光る　⑧まつ毛　⑨低下　⑩体育

3.①私　②かぞく　③あに　④妹　⑤ようふく　⑥育てる　⑦広い　⑧いえ　⑨けいと　⑩かんこう　⑪せい服　⑫バレーぶ　⑬かみのけ　⑭短い　⑮しまい　⑯遠い　⑰近く　⑱静か　⑲へや　⑳光って

P40　クイズ

1.①家族　②父　③母　④兄　⑤姉　⑥弟　⑦妹　⑧兄弟　⑨姉妹

2.①広　②低　③静　④近　⑤短　⑥低

3.①族　②姉　妹　③静　④育　⑤洋　⑥部

◆2章

●2章−1

P43　①みせ　にんき　②てんいん　ききました　③ぎんこう　ほんてん　④おきゃくさん　てんない　あんない　⑤りょかっき／りょかくき

①店　②店長　③本店　④し店　⑤きっさ店　⑥お客さん　⑦来客　⑧客間

P44　①なつやすみ　おや　りょこう　いきました　②いちばん　したしい　ともだち　③みせ　てんいん　しんせつ　④わたし　かぞく　よにん　りょうしん　あに　わたし　⑤にく　きって　いれて

①父親　②母親　③親子　④りょう親　⑤親友　⑥親切な　⑦切る　⑧切手

P45　①よんだ　ほん　ふるほんや　うりました　②あたらしい　うれました

③ばいてん　しんぶん　かいました　④め　あたって　⑤りょこう　あてました

①売る　②安売り　③売店　④当たる　⑤当てる　⑥べん当　⑦当日　⑧本当

P46　①おもいで　しなもの　②やすうり　しなぎれ　③きんじょ　ゆうがた　しょくひん　やすく

④やまださん　はなしかた　じょうひんな　ひと　⑤にゅうがく　しょうひんけん

①品物　②品かず　③手品　④食品　⑤しょう品　⑥上品　⑦下品

P47　ふくしゅう

1.①あたったら　②したしい　③きります　④みせ　⑤しなかず　⑥おきゃくさん　⑦ばいてん　⑧りょかっき／りょかくき　⑨げひんな　⑩てじな

2.①売れました　②おべん当　③親子　④店いん　⑤親切な　⑥上品　⑦客間　⑧当てて　⑨親友　⑩切手

●2章−2

P49　①そふ　たより　きました　②なんでも　べんり　③ゆうびんきょく　きって　かって　てがみ　だしました　④あした　はちじ　びん　かえります　⑤やすみじかん　りよう　せんせい

①便り　②便利　③便き　④こうくう便　⑤便せん　⑥ゆう便きょく　⑦利よう　⑧利子

P50　①つかいかた　②たいし　らいにち　③しよう　しよう　④ぎんこう　とおい　つかいます　⑤にほん　きんメダル　ぎんメダル

①使う　②使い方　③大使　④使よう　⑤銀行　⑥銀いろ

P51　①ごじゅうえん　しろくろコピー　じゅうえん　②たんじょうび　しろい　かって　③はくい　④にし　まっくろな　みえます　⑤め　こくばん　じ　みえません

①白黒　②白い　③白ちょう　④黒い　⑤黒こしょう　⑥まっ黒　⑦黒字　⑧黒おび

P52　①かみ　はんぶん　きって　②ようし　ひゃくまい　かいました　③どようび　しんぶんし　だ

228

します　④おりがみ　どうぶつ　すき
①紙　②紙コップ　③紙ひこうき　④おり紙　⑤よう紙　⑥新聞紙

P53　ふくしゅう
1.①しろい　②りし　③ぎんメダル　④べんり　⑤くろおび　⑥ゆうびんきょく　⑦おりがみ　⑧まっしろ　⑨たより　⑩ようし
2.①黒ばん　②使よう　③紙ひこうき　④便　⑤利よう　⑥白ちょう　⑦黒い　⑧新聞紙　⑨使い方　⑩銀行

● 2章 – 3
P55　①きょう　あさ　なんじ　②ちょうしょく　ぎゅうにゅう　③はいって　あさひ　め　④さいきん　あさばん　⑤ばんごはん　たべません
①朝　②まい朝　③朝日　④朝食　⑤朝晩　⑥晩ごはん　⑦今晩

P56　①ひるやすみ　いきます　②ちゅうしょく　たべました　③よる　はちじ　かえりました　④ひとり　よみち　き　⑤はは　やしょく　もってきて
①昼　②昼食　③夜　④夜みち　⑤夜中　⑥今夜　⑦しん夜　⑧夜食

P57　①まえ　ぎんこう　②なまえ　かいて　③ぜんごさゆう　き　④うしろ　⑤あと　ともだち　かいもの　いきます
①名前　②前後　③前半　④後半　⑤前後ろ　⑥後ろ　⑦後

P58　①がっこう　ごぜん　くじ　ごご　よじ　②しょうご　ひるごはん　たべましょう　③じかん　はやくて　きて　④わたし　まいあさ　はやく　⑤そうちょう　がっこう　いきます
①午前　②午後　③午前中　④しょう午　⑤早い　⑥早く　⑦早口な　⑧早朝

P59　ふくしゅう
1.①こうはん　②はやくち　③ちゅうしょく　④なまえ　⑤こんや　⑥ぜんごさゆう　⑦ちょうしょく　⑧ごご　⑨けさ　⑩あと
2.①後ろ　②夜食　③午前　④昼休み　⑤朝　⑥晩ごはん　⑦夜中　⑧早朝　⑨夜　⑩前

P60　アチーブメントテスト（配点：1.2.は各2点、3.は各3点）
1.①したしく　②あたったら　③きります　④しなぎれ　⑤じょうひんな　⑥たより　⑦ちゅうしょく　⑧うって　⑨そうちょう　⑩みせ
2.①親子　②本店　③黒字　④新聞紙　⑤客間　⑥前後　⑦夜中　⑧しょう午　⑨親友　⑩朝晩
3.①朝　②晩　③便利　④ひる　⑤お客さん　⑥りよう　⑦夜　⑧昼休み　⑨おべんとう　⑩しんや　⑪やしょく　⑫てんない　⑬品物　⑭しろくろコピー　⑮まえ　⑯銀行　⑰きって　⑱使う　⑲てんいん　⑳親切

P62　クイズ
1.①しぶやてん　②まえ　③ちかくて　④べんり　⑤てんいん　⑥しんせつ　⑦しょうひん　⑧べんとう　⑨ごぜん　⑩ごご　⑪あさ　⑫はやい　⑬よる　⑭おきゃくさん　⑮てんちょう
2.①親　②店　③朝　④夜　⑤黒
3.①自→白　②金→銀　③使→使　④晩→晩

◆ 3章
しょう

● 3章 – 1
P65　①にもつ　すこし　②てにもつ　③おくって　④あめ　ともだち　おくりました　⑤ともだち　まえ　そうべつかい
①荷物　②手荷物　③送る　④送しん　⑤見送り　⑥送べつかい

P66　①やまださん　おたく　②じゅうたく　ゆうめいじん　いえ　③ともだち　たくはい　④じかん　いそいで　ひるごはん　たべます　⑤あさ　てんき　あめ　きゅうに
①帰宅　②じゅう宅　③お宅　④急いで　⑤急行　⑥急な　⑦きゅう急車

P67　①かわ　はやい　②あに　たべる　はやい　③じそく　だして　④じかん　おくれて　⑤がっこう　ちこく
①速い　②速度　③時速　④速たつ　⑤遅い　⑥遅れる　⑦遅こく

P68　①きょう　ふく　なんまい　かさねて　②にもつ　おもい　かえります　③きょう　じゅうよう

おくれないで　④かるくて　⑤あさ　からだ　かるく
①重なる　②重ねる　③体重　④重い　⑤軽い　⑥軽い　⑦軽やかに　⑧軽食

P69　ふくしゅう
1.①おもい　②おくります　③きゅうに　④にもつ　⑤かるく　⑥ちこく　⑦おたく　⑧みおくり　⑨はやい　⑩いそいで
2.①帰宅　②速たつ　③送べつかい　④重ねたら　⑤手荷物　⑥軽食　⑦急行　⑧体重　⑨送りましょう　⑩遅れて

●3章－2
P71　①わたし　がくせいよう　すんで　②じゅうたくがい　なか　おおきな　③わたし　たかい　ところ　すき　④へや　しょくじ　みたり　ところ　⑤なまえ　じゅうしょ　かいて
①住む　②住宅がい　③高い所　④住所　⑤ば所　⑥何か所　⑦長所　⑧短所

P72　①おきゃくさま　②おつかれさま　おさきに　③みせ　そと　なか　ようす　みます　④おとしもの　もちぬし　⑤はやかわさん　ごしゅじん　しょうがっこう　こうちょう
①田中様　②お客様　③様子　④もち主　⑤主に　⑥主な　⑦ご主人

P73　①いちばん　②こうばん　ぎんこう　いきかた　ききました　③きょう　とうばん　わたしたち　④ちか　しょくりょうひん　かいました　⑤ひと　じみな　ふく
①一番　②何番　③こう番　④当番　⑤地名　⑥地上　⑦番地　⑧地みな

P74　①でんわばんごう　②わたし　へや　さんぜろいちごうしつ　③まいつき　よんで　じゅういちがつごう　かいました　④とうきょう　じんこう　せんよんひゃくまんにん　⑤けいひん　かんこう
①電話番号　②101号しつ　③しん号　④年号　⑤号外　⑥東京

P75　ふくしゅう
1.①いちばん　②とうきょう　③ねんごう　④ばしょ　⑤しゅじん　⑥すんで　⑦おきゃくさま　⑧じみ　⑨ところ　⑩ようす
2.①もち主　②電話番号　③長所　④地下　⑤12月号　⑥住所　⑦主に　⑧当番　⑨おつかれ様　⑩地名

●3章－3
P77　①くに　ゆうめいな　たべもの　なん　②にほん　こくご　かんじ　③かみ　なまえ　じゅうしょ　こくせき　かいて　④とうきょうと　にほん　しゅと　⑤とかい　せいかつ
①外国　②帰国　③京都　④都内　⑤都かい　⑥都

P78　①みち　くるま　き　②いえ　まえ　みち　こどもたち　③わたし　ほっかいどう　すんで　④おおさかふ　にしにほん　ちゅうしん　⑤うしろ　ふ　ところ　おおさか　きょうと
①道　②道ろ　③北かい道　④道ぐ　⑤大さか府　⑥京都府

P79　①にほん　けん　②わたし　やまぐちけん　うまれ　③しやくしょ　いって　てつづき　④にちようび　あたらしい　しちょう　⑤あさいち　いく　あたらしい　やすく　かう
①山口県　②あお森県　③岩手県　④市ば　⑤市やく所　⑥市内　⑦一都一道二府四十三県

P80　①とうきょうと　く　②こどもたち　くない　がっこう　いって　③みち　く　④むら　ひと　くるま　とかい　すくない　⑤しちょうそん　あたらしい　し
①二十三区　②区長　③区内　④村　⑤村長　⑥市町村

P81　ふくしゅう
1.①がいこく　②ほっかいどう　③くない　④きょうと　⑤むら　⑥いちば　⑦しゅと　⑧なにけん　⑨しない　⑩ふ
2.①道ろ　②市やく所　③帰国　④一都一道二府四十三県　⑤村　⑥東京都　⑦区長　⑧都かい　⑨道　⑩市町村

P82　アチーブメントテスト（配点：1.2.は各2点、3.は各3点）
1.①きゅうこう　②おきゃくさま　③そうしん　④かさねて　⑤はやい　⑥きょうと　⑦ところ　⑧そくたつ　⑨みおくり　⑩ごしゅじん
2.①長所　②帰国　③軽食　④送べつかい　⑤遅こく　⑥時速　⑦様子　⑧号外　⑨都内　⑩朝市
3.①荷物　②送る　③たくはいびん　④急いで　⑤おくれる　⑥帰宅　⑦遅い　⑧住んで　⑨くない　⑩しない　⑪ほっかいどう　⑫所　⑬住所　⑭番地　⑮なんごうしつ　⑯きゅうな　⑰

230

電話番号　⑱重い　⑲かるく　⑳一番
P84　クイズ
2.①国 国　②速　③地 地　④長 所
3.①遅　②所　③送　④重　⑤道
4.①客様　②番号　③様　④住所　⑤区　⑥番　⑦遅

◆ 4章
しょう

● 4章 – 1
P87　①きょねん　まいにち　にっき　②まいとし　そぼ　たんじょうび　かぞく　③まいしゅう　きんようび　④かのじょ　いっしゅうかん　⑤こんど　しゅうまつ　ともだち　かいもの　いきます
①毎日　②毎年　③毎かい　④毎週　⑤週休　⑥二週間　⑦週まつ　⑧来週
P88　①ともだち　うつって　②うつします　③こいびと　えいが　み　いきました　④ゆうめいな　がか　⑤らいしゅう　りょこう　けいかく　たてました
①映る　②映す　③映画　④画家　⑤画めん　⑥まん画　⑦画すう　⑧けい画
P89　①ちかく　おおきい　えいがかん　②あした／あす　ごぜんちゅう　たいしかん　いく　③ようかん　ひゃくねんまえ
①りょ館　②映画館　③大使館　④はく物館　⑤びじゅつ館
P90　①ゆうめいじん　おおやけ　②わたし　こうりつ　がっこう　③さいきん　こうし　まいにち　おくって　④しゅじんこう　いま　にんき　⑤こうえん　いぬ　いきました
①公　②公立　③主人公　④公かい　⑤公園　⑥ゆう園地　⑦どう物園　⑧ようち園
P91　ふくしゅう
1.①けいかく　②おおやけ　③うつして　④まんが　⑤ゆうえんち　⑥こうし　⑦まいかい　⑧たいしかん　⑨にしゅうかん　⑩どうぶつえん
2.①映って　②毎年　③公園　④週休二日　⑤りょ館　⑥ようち園　⑦画家　⑧週まつ　⑨毎日　⑩映画

● 4章 – 2
P93　①ごねんまえ　おっと　であいました　②ぶちょうごふさい　③やすみのひ　ふうふ　④けっこんきねんび　つま　⑤ゆうめいな　あいさいか
①夫　②田中夫妻　③夫ふ　④夫人　⑤妻　⑥妻子　⑦あい妻家
P94　①とくに　②きょう　とくべつ　③ふたり　りょこう　おもって　④いった　ふじさん　おもいで　⑤じぶん　いし　りゅうがく
①特べつ　②特売　③特に　④特急　⑤思う　⑥思い　⑦思い出　⑧思しゅんき
P95　①りょうきん　さきに　②しょくりょう　かいます　③きゅうりょう　④つま　りょうり　⑤わたし　りけい　だいがく　はいりたい
①料金　②食料　③む料　④し料　⑤料理　⑥理ゆう　⑦物理　⑧理けい
P96　①ゆうめいな　かのじょ　②ゆうりょくな　③ゆうりょう　ちゅうしゃじょう
①有料　②有名人　③有力　④有利
P97　ふくしゅう
1.①おっと　②ふさい　③とくべつに　④あいさいか　⑤おもって　⑥いし　⑦とっきゅうでんしゃ　⑧むりょう　⑨ゆうりょくな　⑩りけい
2.①きゅう料　②ご夫ふ　③有名人　④物理　⑤料金　⑥思い出します　⑦料理　⑧特に　⑨妻　⑩夫人

● 4章 – 3
P99　①やすみのひ　ともだち　あって　えいが　いきました　②にゅうかい　③にほんじん　ともだち　かいわ　じょうずに　④わたし　ちち　ぼうえきがいしゃ　しゃちょう　⑤だいがく　しゃかいじん
①会う　②入会　③会話　④大会　⑤会社　⑥入社しき　⑦本社　⑧じん社
P100　①やまださん　はたらき　だいがく　②ろうどうじかん　③つくりました　④しょうせつ　ゆうめいな　さっか　かきました　⑤てんき　さくもつ　そだちません

①働く ②ろう働 ③作る ④作しゃ ⑤名作 ⑥作家 ⑦作ぎょう ⑧作品

P101 ①わたし おとうと こうがくぶ がくせい ②スキーじょう じんこう つかって ③ともだ
ち ビールこうじょう けんがく いきました ④おおやけ ば き ⑤ほんば
①人工 ②工学部 ③エじ ④広場 ⑤工場 ⑥出場 ⑦会場

P102 ①くじ はじまります ②せんせい ねんし ③しぎょうしき がっこう たいいくかん おこ
ないます ④おわって ⑤ともだち のんで しゅうでん のりおくれました
①始まる ②始める ③始ぎょうしき ④年始 ⑤終わる ⑥終える ⑦終りょう ⑧終日

P103 ふくしゅう
1.①ねんし ②しゃちょう ③あいました ④しゅうじつ ⑤さっか ⑥ほんば ⑦しゅつ
じょう ⑧かいじょう ⑨さくもつ ⑩こうじちゅう
2.①工場 ②会話 ③作ぎょう中 ④働いて ⑤広場 ⑥名作 ⑦会社 ⑧始めました ⑨終
わったら ⑩作りました

P104 アチーブメントテスト（配点：1.2.は各2点、3.は各3点）
1.①おっと ②さくひん ③とっきゅうでんしゃ ④おもいだしました ⑤せいようりょうり
⑥つくりました ⑦ゆうめいじん ⑧はじまります ⑨ぼうえきがいしゃ ⑩りょうきん
2.①毎年 ②週休 ③作家 ④けい画 ⑤大使館 ⑥夫ふ ⑦公立 ⑧終わる ⑨ようち園
⑩工場
3.①かいしゃいん ②つま ③働いて ④毎日 ⑤料理 ⑥作って ⑦こうえん ⑧先週 ⑨
おもって ⑩映画 ⑪がめん ⑫画家 ⑬かいがてん ⑭びじゅつ館 ⑮特に ⑯めいさく ⑰
有名な ⑱とくべつ ⑲ふうふ ⑳思い出

P106 クイズ
1.①工場 ②公園 ③画家 ④映画 ⑤料理 ⑥主人公
2.①土 ②夜 ③何 様 ④妻 ⑤料 ⑥週 ⑦特
3.①とくしゅう ②かいしゃ ③つくって ④ふさい ⑤こうじょう ⑥はじめて ⑦ゆうめ
いに ⑧はたらいて
4.①周→週 ②晩→映 ③エ→公 利→理 ④飲→館

P108 まとめテスト 1～4章（配点：1.2.は各2点、3.は各3点）
1.①けいかく ②みずたま ③ころもがえ ④はやくち ⑤こうえん ⑥さっか ⑦じゅう
しょ ⑧そだてて ⑨ようふく ⑩しゅうでん
2.①親切 ②屋上 ③荷物 ④午後 ⑤有名 ⑥毛糸 ⑦映画 ⑧お客様 ⑨銀行 ⑩兄弟
3.①かぞく ②前 ③あね ④毎日 ⑤あう ⑥先週 ⑦ふうふ ⑧しまい ⑨京都 ⑩近く
て ⑪かんこう ⑫べんり ⑬部屋 ⑭ひろくて ⑮静か ⑯料理 ⑰朝 ⑱ばいてん ⑲短い
⑳おもいで

◆ 5章
しょう
● 5章-1
P111 ①わたし いえ えき じゅうごふん ところ ②しちじ えき にしぐち あいましょう ③
ちかてつ えき ともだち あいました ④てつどう あたらしい えき けんがく きました
⑤まいあさ てつぶん おおい しょくひん たべる
①駅 ②駅いん ③駅長 ④二つ目の駅 ⑤鉄 ⑥地下鉄 ⑦鉄道 ⑧鉄分
P112 ①のる でんしゃ のりおくれて ②くるま こども のせる ③じょうしゃ おきゃくさま
あしもと き ④おりて みぎ えき ⑤ろくがつ あめ ふります
①乗る ②乗せる ③乗り場 ④乗客 ⑤降りる ⑥降ろす ⑦降る ⑧降水りょう
P113 ①しょうらい おっと きっさてん ひらき ②すこし あけて ③かいか さんがつ しがつ
④あめ ふって しめて ⑤しまります にもつ からだ き
①開く ②開く ③開閉 ④開園 ⑤公開 ⑥開場 ⑦閉じる ⑧閉店
P114 ①しはつ しんかんせん のって きょうと いきました ②こねこ むいか はっけん ③
しゅっぱつ にじかんまえ ④えき ついたら でんわ いきます ⑤ふって とうちゃく さ

んじかん　おくれました
①発明　②開発　③発音　④発車　⑤着る　⑥着物　⑦着地　⑧一着
P115　ふくしゅう
　1.①しはつ　②ふったら　③きもの　④へいてん　⑤ついたら　⑥ひらいて　⑦のりば　⑧しめて　⑨うわぎ　⑩ちかてつ
　2.①着て　②駅前　③とう着　④閉じて　⑤発見　⑥開けて　⑦降りる　⑧乗客　⑨開園　⑩出発

●5章−2
P117　①しゃちょう　まじえて　②かみ　なか　いちまい　まざって　③たけなかせんせい　こどもたち　まじって　④まいにち　さんじっぷん／さんじゅっぷん　がっこう　かよって　⑤わたし　すんで　まち　こうつう　べんり　すみ
　①交わる　②交ぜる　③交さてん　④交りゅう　⑤通る　⑥大通り　⑦通きん・通学　⑧一方通行
P118　①だいどころ　はは　ちょうしょく　つくって　②いもうと　あし　はやく　だい　③えきまえ　なんだい　とまって　④じしん　でんき　すいどう　とまって　⑤あめ　ふったら　あした　ちゅうし
　①三台　②台所　③荷台　④高台　⑤台ふう　⑥止まる　⑦止める　⑧きん止
P119　①かおいろ　②わたし　あかるい　いろ　ようふく　きます　③にじゅうよんしょく　④あかい　きて　⑤しんごう　あか　とまって
　①七色　②色紙　③特色　④赤い　⑤赤ペン　⑥赤しん号　⑦赤道　⑧赤はん
P120　①きいろ　あめ　ふって　めだちます　②きいろくて　はな　③あおい　しろい　④しんごう　あお　⑤ひとり　せいねん　でんしゃ　おとしより
　①黄色　②黄金　③らん黄　④青い　⑤青しん号　⑥青ぞら　⑦青年　⑧青しゅん
P121　ふくしゅう
　1.①いっぽうつうこう　②せきどう　③まじえた　④だいどころ　⑤ちゅうし　⑥らんおう　⑦とおる　⑧かおいろ　⑨こうさてん　⑩せいねん
　2.①通って　②黄色い　③台ふう　④交ざって　⑤青い　⑥交通　⑦茶色い　⑧止まって　⑨通学　⑩大通り

●5章−3
P123　①びょうき　たべもの　き　②きんじょ　びょういん　いったら　じかん　ごぜん　③いっしゅうかん　にゅういん　あした／あす　たいいん　④だいがく　だいがくいん　いきたい　おもって　⑤あね　まいつき　びよういん　いきます
　①病気　②病院　③入院　④たい院　⑤院長　⑥通院　⑦大学院生　⑧寺院
P124　①こども　いしゃ　②あに　いま　いがくぶ　ろくねんせい　③たなかいいん　いんちょう　めいい　いわれて　④かがく　はってん　わたしたち　せいかつ　べんりに　⑤いきたい　だいがく　がくぶ　がっかめい
　①医しゃ　②医学　③科目　④理科　⑤科学　⑥学科　⑦内科　⑧外科
P125　①しょくご　くすり　のんで　②あさ　いそいで　かぜぐすり　のみました　③いちじかん　まって　きません　④にんき　はいる　さんじかん　まちました　⑤きょう　きたい
　①薬　②かぜ薬　③薬きょく　④ずつう薬　⑤目薬　⑥待つ　⑦待ち時間　⑧き待
P126　①わたし　うえだ　あった　き　あいました　②ちから　あわせて　③あした／あす　じゅうじ　えき　ひがしぐち　しゅうごう　④さんじっぷんかん／さんじゅっぷんかん　いま　じかん　はかります　はじめて　⑤やすみ　かぞく　りょこう　いく　けいかく　たてます
　①合しょう　②こたえ合わせ　③合かく　④待ち合いしつ　⑤会計　⑥合計　⑦計さん　⑧時計
P127　ふくしゅう
　1.①あわせて　②いがくぶ　③けいかく　④びょうき　⑤ろっかもく　⑥かいけい　⑦やっきょく　⑧だいがくいん　⑨はかります　⑩きたい
　2.①薬　②合う　③医しゃ　④外科　⑤合計　⑥病院　⑦時計　⑧待ちました　⑨学科　⑩こたえ合わせ
P128　アチーブメントテスト（配点：1.2.は各2点、3.は各3点）
　1.①あけて　②かおいろ　③えきいん　④まち　⑤のって　⑥たいふう　⑦まざって　⑧おり

233

る　⑨にゅういん　⑩しめて

2.①乗車　②合計　③開園　④かぜ薬　⑤着く　⑥計画　⑦交りゅう　⑧科目　⑨赤い花　⑩青年

3.①かいはつ　②交通　③地下鉄　④とおって　⑤駅　⑥のりば　⑦じょうきゃく　⑧通学　⑨とまる　⑩しはつ　⑪ついて　⑫開く　⑬おりて　⑭おおどおり　⑮病院　⑯黄色　⑰こうさてん　⑱時計台　⑲待ち合わせ　⑳開店

P130　クイズ

1.①赤　②黄　③白　④茶　⑤緑　⑥白・黒　⑦赤・黄・青

2.①ないか　②びょういん　③まちあいしつ　④かいけい　⑤くすり　⑥やっきょく

3.①待　②様　③内　④下　⑤駅　⑥止　⑦降　⑧様　⑨元　⑩気　⑪閉　⑫乗

4.①駅　②急　③緑　④静　⑤住　⑥所　⑦時　⑧計　⑨台　⑩公　⑪園　⑫番　⑬家　⑭族　⑮待

◆ 6章
しょう

● 6章－1

P133　①にゅうしゃ　しゃいんけんしゅう　②だいがくいん　くすり　かいはつ　けんきゅう　③だいがくいん　けんきゅうか　せつめいかい　④あに　まいばん　おそく　けんきゅうしつ　⑤なつやすみ　じゆうけんきゅう　かわ　いきもの
①研しゅう　②研究　③研究しゃ　④研究会　⑤研究所　⑥研究発ぴょう

P134　①かたって　②はんとしまえ　にほんご　はじめました　③だいがく　ぶんがくぶ　はいりたい　④しょうらい　さくぶん　かきました　⑤ちゅうもん
①語る　②語学　③日本語　④イタリア語　⑤たん語　⑥文しょう　⑦母語　⑧ちゅう文

P135　①ぼご　えいご　フランスご　はなせます　②えいこく　③りか　なか　とくに　かがく　すき　④わたし　にほん　ぶんか　⑤けしょうひんうりば　くちべに　かいました
①英語　②英ゆう　③文化　④化学　⑤化石　⑥へん化　⑦化しょう　⑧化しょう品

P136　①のって　がくせい　にんずう　かぞえます　②がくせい　すうがく　にがて　③はは　こころ　④わたし　げんき　しんぱい　⑤しんりがく
①数　②数える　③数学　④数字　⑤数人　⑥心　⑦安心　⑧中心

P137　ふくしゅう

1.①あんしん　②たんご　③けんしゅう　④かがく　⑤さくぶん　⑥かたって　⑦かず　⑧けしょう　⑨こころ　⑩じゆうけんきゅう

2.①数学　②日本語　③数えます　④中心　⑤文けい　⑥研究所　⑦文化　⑧ちゅう文　⑨英語　⑩心理学

● 6章－2

P139　①うえださん　みっつ　わかい　②でんしゃ　わかもの　おとしより　③あつまって　べんきょうかい　④わたし　あつめる　⑤あした／あす　あさはちじ　しゅうごう
①若い　②若もの　③集まる　④集める　⑤集合　⑥集中　⑦文集　⑧ぼ集

P140　①わたし　しんゆう　にほんご　しって　②だいがく　ごうかく　つうち　③だいがく　のみかい　おさけ　のみました　④ちかく　さかや　かいます　⑤おさけ　なか　にほんしゅ　いちばん　すき
①知り合う　②知しき　③知人　④通知　⑤お酒　⑥い酒屋　⑦日本酒　⑧飲酒うんてん

P141　①あわせて　うた　うたいます　②ともだち　いって　うたいました　③こども　かしゅ　④へや　わらいごえ　きこえます　⑤きむらさん　せいりょう　うた　じょうず
①歌を歌う　②はな歌　③歌手　④校歌　⑤声　⑥話し声　⑦なき声　⑧音声

P142　①あした／あす　りょこう　たのしんで　②ごうコン　たのしい　ほうほう　③きょう　らく　④よる　まえ　おんがく　ききます　⑤ことし　なにか　がっき　はじめたい　おもって
①楽しい　②楽な　③楽しょう　④楽き　⑤音楽　⑥声楽　⑦洋楽

P143　ふくしゅう

1.①しりあいました　②うたいました　③おんせい　④つうち　⑤わかもの　⑥いんしゅうんてん　⑦おんがく　⑧こえ　⑨かしゅ　⑩あつめて

2. ①お酒 ②集まって ③校歌 ④歌いました ⑤集中 ⑥楽しかった ⑦知って ⑧若い ⑨わらい声 ⑩知しき

●6章−3

P145 ①あじ ちょうみりょう たしましょう ②りょうり あじみ ③いみ じしょ ④しんせんな さかな あじわって ⑤あぶら
①味 ②味見 ③ちょう味料 ④い味 ⑤ごま油 ⑥石油 ⑦しょう油・ラー油

P146 ①わたし ふとい すき ②たべすぎ ふとって ③かのじょ あし ほそくて ながい ④くらい みち ひとり こころぼそい ⑤こまかく
①太い ②太る ③太よう ④太へい洋 ⑤細い ⑥細長い ⑦細かい ⑧明細

P147 ①さらあらい ②こざら にまい ③さんど めし どくしょ すき ④ゆうはん ざいりょう かい いきます ⑤あたらしい すいはんき こめ
①皿 ②小皿 ③とり皿 ④はい皿 ⑤飯 ⑥夕飯 ⑦すい飯き ⑧昼ご飯

P148 ①むぎ つくられて ②こむぎ つかって たべました ③むぎちゃ すいとう いれて いきましょう ④きょう むぎわらぼうし でかけます
①麦 ②小麦こ ③大麦 ④麦茶 ⑤麦わらぼうし

P149 ふくしゅう
1. ①こむぎこ ②ふとって ③せきゆ ④ひるごはん ⑤さら ⑥あじみ ⑦めいさい ⑧ほそい ⑨ごまあぶら ⑩あじわいました
2. ①麦茶 ②太い ③ちょう味料 ④心細い ⑤太へい洋 ⑥夕飯 ⑦味 ⑧とり皿 ⑨ラー油 ⑩細かい

P150 アチーブメントテスト（配点：1.2.は各2点、3.は各3点）
1. ①けんしゅう ②たんご ③こころ ④かがく ⑤しって ⑥こえ ⑦らく ⑧いみ ⑨すいはんき ⑩こまかく
2. ①語る ②ちゅう文 ③集中 ④若もの ⑤日本酒 ⑥味見 ⑦石油 ⑧話し声 ⑨音楽 ⑩皿あらい
3. ①しんりがく ②語学 ③英語 ④にほんぶんかろん ⑤ぶんしょう ⑥研究 ⑦人数 ⑧かず ⑨若い人 ⑩楽しそうに ⑪お酒 ⑫あつまって ⑬うたったら ⑭こえ ⑮知り合い ⑯しょうゆ ⑰あじ ⑱太い ⑲細い ⑳しりました

P152 クイズ
1. ①心理学 ②英語 ③日本文化ろん ④日本文学 ⑤日本語 ⑥研究
2. ①あつまって ②しりあい ③かしゅ ④こえ ⑤たのしみに ⑥なごやえき ⑦しゅうごう
3. ①文 ②料 ③油 ④皿 ⑤太（細） ⑥細（太） ⑦味 ⑧生 ⑨麦茶 ⑩会 ⑪千七百五十

◆ 7 章
しょう

●7章−1

P155 ①ことし はる とし ②しんしゅん もうしあげます ③こうこう みる せいしゅんじだい おもいだします ④まいとし なつ いきます ⑤きょう きおん にじゅうごど いじょう なつび
①春休み ②立春 ③春分の日 ④青春 ⑤夏休み ⑥しょ夏

P156 ①あき たべもの ②しゅうぶんのひ ちち いきました ③ふゆやすみ じゅうにがつにじゅうさんにち はじまります ④きょう まふゆ ⑤とうきオリンピック にほん せんしゅ きんメダル
①秋 ②秋分の日 ③立秋 ④冬 ⑤ま冬 ⑥春夏秋冬

P157 ①いえ はんとしまえ あきや ②あめあがり そら あおくて ③わたし おとうと しょうがくせい からて ④ひこうき とうきょう じょうくう ⑤よぞら ほし
①空きカン ②空く ③空ける ④空 ⑤空気 ⑥空こう ⑦星 ⑧火星

P158 ①ほし くも みえません ②あまぐも でて あめ ふる ③きょねん しがつ にほん きました ④みて かこ おもいだしました ⑤たいせつな しょうきょ

①雲　②せきらん雲　③去る　④去年　⑤か去　⑥しょう去　⑦し去

P159　ふくしゅう

1.①はる　②かせい　③あまぐも　④なつやすみ　⑤きょねん　⑥しゅんかしゅうとう　⑦あいたら　⑧くうき　⑨あき　⑩そら

2.①空きカン　②星　③せきらん雲　④春分の日　⑤去って　⑥冬休み　⑦秋　⑧夏　⑨雲　⑩か去

●7章−2

P161　①あさ　てんき　ごご　あめ　ふって　②てんきよほう　きょう　はれる　③うてん　ばあい　うんどうかい　ちゅうし　④こども　てんし　⑤きょう　くも　ひとつ　かいせい

①天気　②雨天　③天使　④天国　⑤晴天　⑥晴れる　⑦かい晴

P162　①おもって　そと　みたら　ゆき　ふって　②しんせつ　きもち　③たいふう　ちかづいて　あめ　かぜ　④ふうしゃ　つかって　でんき　つくります　⑤めいじじだい　にほん　ようふう　せいかつ

①雪国　②雪だるま　③大雪　④新雪　⑤風速　⑥台風　⑦風車　⑧洋風・わ風

P163　①ゆうがた　かぜ　つよまって　②かわかみさん　ちから　つよい　③にく　つよび　④びょうき　そふ　からだ　よわって　⑤きのう　おおあめ　よわまって

①強める　②強風　③弱める　④弱い　⑤弱小チーム　⑥強弱

P164　①きょう　あつかった　②たなかさん　なつ　ひしょち　いく　③せんせい　しょちゅうみまいだしました　④さむい　あさ　たいへん　⑤まいにち　さむい　ぼうかん　かい　いきました

①暑さ　②もう暑日　③ひ暑　④暑中見まい　⑤寒さ　⑥寒気　⑦ぼう寒

P165　ふくしゅう

1.①よわくて　②つよめましょう　③さむい　④たいふう　⑤きょうふう　⑥よわって　⑦しんせつ　⑧はれたら　⑨うてん　⑩もうしょび

2.①強い　②雪だるま　③暑くて　④天気よほう　⑤弱めて　⑥風　⑦天使　⑧弱火　⑨洋風　⑩ぼう寒

●7章−3

P167　①さいきん　じょせい　ひとりたび　②りょこう　いく　③やま　なか　りょかん　④おもそう　にもつ　もちましょう　⑤りょこうちゅう　しょじきん

①旅　②旅行　③旅館　④旅ひ　⑤持つ　⑥気持ち　⑦持ち物　⑧持病

P168　①なんでも　よのなか　②きむらさん　かちょう　ぶちょう　しゅっせ　③せかいいっしゅう　りょこう　④まいにち　おおすぎて　げんかい　⑤そぼ　きょねん　はちじゅうさんさい　たかい

①世の中　②中世　③世間　④出世　⑤21世き　⑥世界　⑦げん界　⑧げいのう界

P169　①いちばん　ひだり　うつって　ひと　わたし　ちち　②ばしょ　しゃしん　③さかな　しんくうパック　はいって　ながもち　④しんじつ　はなして　⑤わたし　ちち　さんにんきょうだい　まんなか

①写る　②写す　③写生　④真夏　⑤真心　⑥写真　⑦真空　⑧真じつ

P170　①ふね　ほっかいどう　いきました　②ふね　のって　りょこう　せんちょう　しゃしん　③きゃくせん

①船　②客船　③船長　④風船

P171　ふくしゅう

1.①しゅっせ　②うつって　③ひとりたび　④ふね　⑤げいのうかい　⑥りょかん　⑦もって　⑧よのなか　⑨まんなか　⑩きゃくせん

2.①写して　②旅行　③写真　④世界　⑤気持ち　⑥真じつ　⑦げん界　⑧持ち物　⑨旅ひ　⑩風船

P172　アチーブメントテスト（配点：1.2.は各2点、3.は各3点）

1.①はれたら　②しゃしん　③ゆき　④なつやすみ　⑤りょこう　⑥きょねん　⑦ふね　⑧よわい　⑨あいたら　⑩あつい

2.①雲　②星　③寒い　④強風　⑤大雪　⑥気持ち　⑦天気　⑧世界　⑨台風　⑩立秋

3.①春　②持った　③なつ　④あつい　⑤ふね　⑥あき　⑦台風　⑧かぜ　⑨強く　⑩さった　⑪雲　⑫晴れて　⑬そら　⑭ふゆ　⑮空気　⑯寒い　⑰ほし　⑱ゆき　⑲写真　⑳旅行

236

1. ①夏　②春　③冬　④春　⑤冬　⑥夏　⑦秋　⑧春
2. ①春　②船　③写　④強　⑤夏
3. ①青春　②世界　③秋分の日

◆ 8章

● 8章－1

P177　①まいにち　ごじかん　にほんご　べんきょう　②もりかわさん　べんきょうか　なんでも　③まえださん　きんべんな　ひと　④ことしじゅう　かんじ　にせんじ　⑤びょうき　かんぽうやく　のむ　げんきに
①勉強　②勉強家　③きん勉　④漢字　⑤漢数字　⑥漢わじてん　⑦漢方薬

P178　①まいにち　しゅくだい　にほんご　じょうずに　②やど　かぞくづれ　にんき　③へや　ひろい　しゅくはく　④いちばん　すきな　ほん　だいめい　⑤いま　わだい　えいが　なん
①宿　②宿題　③宿はく　④合宿　⑤新宿駅　⑥題名　⑦話題

P179　①もんだい　せんせい　しつもん　②みせ　しなもの　しつ　たかい　③ぶん　よんで　あと　とい　④かいしゃ　ほうもん　さき　でんわ　⑤でんわ　といあわせて
①質問　②質　③問い　④問う　⑤問題　⑥問題しゅう　⑦社会問題　⑧学問

P180　①にほんじん　えいご　おしえて　②いしかわせんせい　いちねんかん　にほんご　おそわりました　③だいがくいん　きょういくもんだい　けんきゅう　おもって　④がっこう　きょうしつ　ひろくて　⑤そと　あつい　しつない　きもち
①教える　②教わる　③教育　④教室　⑤教科書　⑥ぶっ教　⑦教じゅ　⑧研究室

P181　ふくしゅう
1. ①しつない　②しつもん　③おそわりました　④とい　⑤しゅくだい　⑥かんぽうやく　⑦きん勉な　⑧けんきゅうしつ　⑨しんじゅく　⑩かんすうじ
2. ①題名　②ほう問　③質　④教室　⑤漢字　⑥勉強　⑦問題　⑧宿　⑨教科書　⑩教えました

● 8章－2

P183　①こころみる　たいせつ　②じつりょく　ためす　もぎしけん　③ししょく　ぎゅうにく　かいました　④せんじつ　しあい　み　いきました　⑤がっこう　しょどう　たいけん
①試みる　②試す　③試験　④試食　⑤試着　⑥試合　⑦じっ験　⑧じゅ験

P184　①もんだい　こたえて　②こたえ　かく　かきましょう　③かいとうようし　④もんだい　かんがえて　⑤かく　なに　さんこう
①答える　②答え　③かい答　④考える　⑤考え方　⑥さん考し料　⑦思考

P185　①ただしい　こたえ　まる　かいて　②かんじ　せいかくに　③まるくて　あかい　たべもの　④まるめて　⑤わたし　あに　ほうがんなげ　せんしゅ
①正しい　②正かくな　③正かい　④正午　⑤正月　⑥丸い　⑦丸　⑧丸める

P186　①えき　とおくて　ふべん　②べんきょう　じかん　あした／あす　ふあん　③うんどうぶそく　からだ　④わたし　たなかさん　おなじ　まち　すんで　⑤せんしゅう　おがわさん　わたし　どうじ
①不便　②不安　③不合かく　④不思ぎな　⑤同じ　⑥同きゅう生　⑦合同　⑧同時

P187　ふくしゅう
1. ①さんこう　②ふしぎな　③かいとうようし　④しょうご　⑤まる　⑥こころみました　⑦おなじ　⑧ただしい　⑨ふべん　⑩ほうがんなげ
2. ①正月　②不合かく　③答え　④試験　⑤正かくに　⑥思考　⑦同きゅう生　⑧試して　⑨考えて　⑩答えて

● 8章－3

P189　①ともだち　ほん　かしました　②ふぼ　ちんたい　すんで　③おかね　かしかり　④せんせい　ぶんがく　ほん　かりました　⑤ひと　しゃっきん　ひゃくまんえん
①貸す　②貸し出し　③ちん貸　④貸し切り　⑤借金　⑥借地

P190　①なまえ　うしろ　ふりかえりました　②ともだち　かえしました　③おおきい　こえ　へんじ　④いっかげつ　ほん　さんさつ　よみました　⑤たなばた　ひ　たんざく　かきます

①返す　②ふり返る　③返じ　④返品　⑤一冊　⑥冊子　⑦べっ冊

P191　①にほん　れきし　②れきだい　そうりだいじん　なまえ　いえます　③がくれき　たいせつな
だいがくいん　④こうこう　せかいし　べんきょう　⑤だいがくいん　アメリカし　けんきゅう
おもって
①歴史　②り歴書　③学歴　④日本史　⑤世界史　⑥東洋史　⑦西洋史　⑧史学

P192　①とちゅう　くるま　ちず　みます　②ず　つかって　せつめい　③おわったら　としょかん
①図　②地図　③図書館　④しょく物図かん　⑤どう物図かん

P193　ふくしゅう
1.①さっし　②しゃっきん　③ちゅうごくし　④れきだい　⑤ふりかえりました　⑥ちんたい
⑦ちず　⑧へんしん　⑨がくれき　⑩かしかり
2.①借りました　②何冊　③借地　④世界史　⑤図書館　⑥り歴書　⑦貸し出し　⑧歴史　⑨
返して　⑩返品

P194　アチーブメントテスト（配点：1.2.は各2点、3.は各3点）
1.①おなじ　②かんがえて　③まるくて　④かんぽうやく　⑤ふべん　⑥おしえる　⑦やど
⑧たいけん　⑨うんどうぶそく　⑩ためして
2.①勉強家　②さん考　③同時　④教育　⑤学問　⑥返品　⑦話題　⑧地図　⑨室内　⑩正月
3.①教室　②勉強　③かんじ　④ただしく　⑤宿題　⑥かんがえて　⑦答え　⑧もんだい　⑨
質問　⑩おしえて　⑪試験　⑫ふあん　⑬図書館　⑭なんさつ　⑮借りて　⑯歴史　⑰かして
⑱がくれき　⑲けんきゅうしつ　⑳同じ

P196　クイズ
1.①しけん　②かいとうようし　③じゅけんばんごう　④ただしい　⑤こたえ　⑥まる　⑦し
つもん　⑧もんだい　⑨おなじ　⑩かんじ
2.①教　②室　③漢　④勉　⑤同　⑥歴　⑦貸
3.①数→教　②宿→宿　③間→問　④冊→冊　⑤試→試

◆ 9章

● 9章-1

P199　①にもつ　きょうしつ　はこんで　②くるま　うんてん　③てんき　ひ　うんどう　きもち　④
にちようび　こども　どうぶつえん　いく　⑤しゃしん　うごかないで
①運ぶ　②運動　③運てん手　④運　⑤動く　⑥動かす　⑦動物　⑧動作

P200　①きいて　はつおん　れんしゅう　②ひ　ひなんくんれん　③ひとり　はじめる　まえ　はは
りょうり　ならいました　④きょう　べんきょう　ふくしゅう　⑤にほん　しゅうかん
①練習　②くん練　③練る　④習う　⑤学習　⑥習字　⑦よ習　⑧習かん

P201　①しんかんせん　じそく　なんキロ　はしります　②きょうそう　③ちち　まんぽけい　④ほこ
うしゃ　ほどう　あるきましょう　⑤ちち　まいあさ　こうえん　さんぽ
①走る　②きょう走　③走しゃ　④歩く　⑤歩行しゃ天国　⑥歩道　⑦万歩計　⑧さん歩

P202　①およぎ　いきません　②およぐ　にがて　③がっこう　すいえいたいかい　④さいのう　ひと
こども　なにか　⑤てんさい　いわれて
①泳ぐ　②泳ぎ　③水泳　④ひら泳ぎ　⑤才のう　⑥天才　⑦才女

P203　ふくしゅう
1.①しゅうかん　②およいで　③動きます　④まんぽけい　⑤すいえいきょうしつ　⑥きょう
そう　⑦うごかす　⑧ほどう　⑨ならって　⑩はこぶ
2.①運動　②走らないで　③歩く　④才のう　⑤動物園　⑥練習　⑦泳ぎ　⑧さん歩　⑨運て
ん手　⑩ひなんくん練

● 9章-2

P205　①かんじ　じぶん　②とし　しぜん　おおい　③じたく　④だいがく　しけん　ぜんぜん　じし
ん　⑤じもと　かいしゃ　つくった　てんねんすいサイダー　にんき
①自分　②自宅　③自しん　④自動車　⑤自習　⑥自力　⑦天然きねん物　⑧当然

P206　①ぼくじょう　うし　くさ　たべて　②くさばな　つくりました　③のって　そうげん　はしる
すき　④まいとし　なつ　こうげん　⑤にほんしゅ　げんりょう　こめ

①草　②草花　③草原　④原作　⑤原いん　⑥原料　⑦高原

P207　①にほん　いちばん　おおきい　みずうみ　びわこ　②ふじさん　ちかく　やまなかこ　みずうみ　③こじょう　しょくじ　④たに　みながら　やまみち　⑤みる　けいこく　けしき
①湖　②湖水　③山中湖　④谷　⑤谷間　⑥谷川　⑦けい谷

P208　①うみ　やま　すき　②まいとし　なつやすみ　かいがいりょこう　③いって　うみべ　ふたり　あるきました　④あたり　ふるい　いえ　おおい　⑤へん　ひとやすみ
①海　②海草　③日本海　④海辺　⑤川辺　⑥辺り　⑦辺　⑧近辺

P209　ふくしゅう
1. ①かいがい　②あたり　③てんねんきねんぶつ　④そうげん　⑤じぶん　⑥ぜんぜん　⑦こじょう　⑧かいそう　⑨へん　⑩けいこく
2. ①草　②自然　③高原　④谷川　⑤近辺　⑥自宅　⑦原料　⑧海辺　⑨天然水　⑩湖

●9章－3
P211　①しょうがつ　ふるさと　かえって　②さいきん　おおきな　ひとざと　ちかく　おりて　③いちり　④こども　のはら　⑤とうきょうドーム　やきゅう　み　いきました
①里　②ふる里　③人里　④里帰り　⑤一里　⑥野山　⑦野きゅう　⑧野さい

P212　①みどりいろ　やま　②ごがつ　みどり　③たべ　りょくちゃ　のみます　④いけ　きんぎょ　⑤でんち
①緑　②緑色　③緑茶　④新緑　⑤池　⑥電池　⑦小池さん　⑧ちょ水池

P213　①こうえん　とり　みつけました　②まいとし　みずうみ　はくちょう　きます　③がっこう　ことり　④はね　ひろげた　⑤はねだくうこう　としん　ちかくて　べんり
①鳥　②小鳥　③白鳥　④羽　⑤羽田空こう

P214　①ほっかいどう　うし　うま　②へや　おんなのひと　ひめい　きこえました　③まいあさ　なく　こえ　きこえます　④じゅぎょうちゅう　けいたいでんわ　なって　せんせい　⑤おおみそか　ちかく　てら　いって　ならしました
①馬　②竹馬　③馬車　④乗馬　⑤ひ鳴　⑥鳴く　⑦鳴る　⑧鳴らす

P215　ふくしゅう
1. ①ひめい　②いけ　③りょくちゃ　④はね　⑤さとがえり　⑥のはら　⑦じょうばきょうしつ　⑧みどり　⑨はくちょう　⑩やさい
2. ①鳴って　②馬　③電池　④ふる里　⑤新緑　⑥池　⑦野山　⑧鳥　⑨野きゅう　⑩羽田空こう

P216　アチーブメントテスト（配点：1. 2. は各2点、3. は各3点）
1. ①ならい　②たけうま　③ほこうしゃ　④じぶん　⑤かいそう　⑥げんりょう　⑦いけ　⑧はしりました　⑨てんねん　⑩ならします
2. ①湖　②乗馬　③高原　④水泳　⑤海辺　⑥野きゅう　⑦習かん　⑧当然　⑨天才　⑩練習
3. ①やまなかこ　②自宅　③辺り　④けいこく　⑤谷　⑥歩いて　⑦こうげん　⑧自然　⑨湖　⑩ほどう　⑪さんぽ　⑫草花　⑬鳥　⑭なきごえ　⑮ふるさと　⑯はしった　⑰運動　⑱水泳　⑲こじょう　⑳馬

P218　クイズ
1. ①里　②草原　③走　④泳　⑤馬　⑥歩　⑦鳥　⑧鳴　⑨湖
2. ①練習　②動　③野　④海
3. ①うんどう　②しぜん　③いけ　④ほどう　⑤じてんしゃ　⑥はしる

P220　まとめテスト　5～9章（配点：1. 2. は各2点、3. は各3点）
1. ①たいけん　②りょかん　③たいふう　④さむけ　⑤まちあわせ　⑥きょうかしょ　⑦かんぽうやく　⑧ちゅうし　⑨しちゃく　⑩こうつう
2. ①運動　②歴史　③英語　④質問　⑤宿題　⑥試験　⑦病院　⑧心細い　⑨研究　⑩自然
3. ①きょねん　②春　③ごうかく　④医学部　⑤数学　⑥かがく　⑦教室　⑧べんきょう　⑨問題　⑩お酒　⑪つよく　⑫おおごえ　⑬歌う　⑭たのしい　⑮同じ　⑯じてんしゃ　⑰たび　⑱計画　⑲しりあい　⑳写真

漢字マスター **N4** 改訂版
Kanji for beginners

2021 年 4 月 1 日　第 1 刷発行
2024 年 8 月 1 日　第 5 刷発行

編著者	**アークアカデミー**
	遠藤 由美子　齊藤 千鶴　樋口 絹子　細田 敬子　山下 泰輔
	増田 麻美子　下重 ひとみ

発行者	前田 俊秀
発行所	株式会社三修社

〒 150-0001　東京都渋谷区神宮前 2-2-22
TEL 03-3405-4511　FAX 03-3405-4522
振替　00190-0-72758
https://www.sanshusha.co.jp
編集担当　田中 由紀

編集協力	浅野 未華
デザイン	土屋 みづほ
DTP	ファーインク
イラスト	ヨコヤマサオリ・峰村友美
印刷・製本	倉敷印刷株式会社

©2021 ARC Academy Printed in Japan ISBN978-4-384-05964-9 C2081